教师美育素养
提升丛书

国家社会科学基金"十三五
（国家一般
家国情怀视域下高

U0574102

历史教育的审美自觉

LISHI JIAOYU DE SHENMEI ZIJUE

马维林　著

北京师范大学出版集团
BEIJING NORMAL UNIVERSITY PUBLISHING GROUP
北京师范大学出版社

图书在版编目（CIP）数据

历史教育的审美自觉 / 马维林著. -- 北京 ：北京师范大学出版社，
2025. -- ISBN 978-7-303-30181-2

Ⅰ. K-42

中国国家版本馆 CIP 数据核字第 2024ZG7984 号

出版发行：北京师范大学出版社 https：//www.bnupg.com
　　　　　北京市西城区新街口外大街 12-3 号
　　　　　邮政编码：100088
印　　刷：北京虎彩文化传播有限公司
经　　销：全国新华书店
开　　本：710 mm×1000 mm　1/16
印　　张：13.5
字　　数：149 千字
版　　次：2025 年 3 月第 1 版
印　　次：2025 年 3 月第 1 次印刷
定　　价：56.00 元

策划编辑：伊师孟　路　娜　　责任编辑：路　娜　伊师孟
美术编辑：焦　丽　　　　　　　装帧设计：焦　丽
责任校对：丁念慈　　　　　　　责任印制：马　洁

序　言

习近平总书记指出："历史的启迪和教训是人类的共同精神财富。忘记历史就意味着背叛。"这一重要论断，深刻揭示了坚持正确历史观的科学内涵和基本要求，为我们学习历史、研究历史，自觉运用蕴含其中的文明进步的思想精华、治乱兴衰的历史规律、治国理政的宝贵经验、开创未来的深刻启示，提供了根本遵循。历史教育是国民素养教育，要通过历史教育让青少年了解国家和民族的历史，认识世界发展的规律与趋势，从而做到不忘本来、吸收外来、面向未来。因此，历史教育的根本任务是培养青少年对国家民族的厚重情怀，增强青少年的历史使命感和责任感，从而真正实现为党育人、为国育才的教育目标。

党的二十大提出了教育强国、科技强国、人才强国的发展战略，强调对青少年世界观、人生观、价值观的培养和对国家民族的坚定认同。党的十九大明确提出："要全面贯彻党的教育方针，落实立德树人根本任务……培养德智体美劳全面发展的社会主义建设者和接班人。"立德树人成为新时期党和国家的重大教育战略,历史教育承载着国家和民族精神与文化价值传承的重要使命,在立德树人的教育中发挥着不可替代的作用。历史叙事的目的在于文明之延续和价值之塑造,让历史智慧照耀人类前进的道路。历史学科的魅力在于,人类希冀在历史中确证自我、认知世界,找到通向善的、幸福的方向。因此,历史学是过去与现在基于真善美价值进行的永无止境的对话,历史具有内在的美学向度。青少年时期是人的人生观、世界观和价值观形成的关键时期,历史教育要充分发掘历史中的真善美元素,让学生受到中华优秀传统文化的熏陶,接受正确的历史观教育。因此,历史教育必须要有正确的价值引领,要有适合青少年成长的课程。本书提出了历史教育的审美主张,这是历史教育落实立德树人根本任务的重要探索,对历史课程教学改革的深化具有重要价值。

按照马克思主义唯物史观的观点,物质生产方式是社会发展的决定因素,人们在从事物质生产过程中的劳动是有意识的审美性的创造性的劳动,是人通过对规律的运用,发挥主观能动性,从而实现更大程度的生命自由的活动。审视人类不断发展的历史进程,其进步性就体现在人不断地从困扰着人类的物质与精神、思维与存在、主观与客观的巨大对立中解放出来。这一历史进程伴随着人类对自由的渴望与创造。因此,历史教育要根植于历史本体的美学向度之上,引领学生去认识历史本体的审美性,认识历史的真善美,这是历史教育审美性的前提和基础。

历史教育的美还包括历史教育的价值之美、历史艺术之美和历史教学的过程之美。《普通高中历史课程标准(2017年版2020年修订)》

明确历史课程的目标是立德树人，就是要从历史发展的进程中挖掘历史的思想之美、人物精神之美和历史发展的规律之美，让历史中的美陶冶青少年的精神品格，培养他们高尚的道德情操，让青少年认清历史大势，顺应时代潮流，担当实现伟大民族复兴的时代重任。

人类认识历史需要借助史料，历史的发展隐藏在古迹、文献资料、艺术作品和人类的记忆之中。其中大量的文物和名胜古迹都是以艺术作品的形式出现在我们的研究视野当中的，或者说大量的史料都具有丰富的艺术性与审美性，这就为我们研究历史提供了一个非常重要的视角——审美的视角。历史教育的审美之维由此还应该包括对在历史发展进程中保存下来的艺术作品、文化遗产的认识，以审美的视角认识人类历史中的艺术史料，让艺术讲述历史，让历史更加丰富、生动。

历史课程教学的审美性体现在历史教育过程中为学生创造丰富的体验美的机会，让学生实现身心一体的学习。对历史的认识需要感性和理性共同参与，而美的重要内涵就包括人的感性的灿烂，认识人的感性的丰富、关注人的情感世界如今已经成了历史研究的一个重要方向。如果当前的历史教学要改变过去机械记忆的局面，教师就要营造丰富的历史探究情境，让学生在具身学习中感受真实的历史场景，让历史学习的过程成为学生实地考察和研究的过程。从这个意义上讲，历史教育的审美之维还包括历史教育的过程之美、学生学习的主体之美、历史研究的情感之美，等等。

历史教育的审美之维是历史教育实现立德树人根本任务的重要维度，是不可缺少的视角。学生只有深刻认识到历史的本体之美，才能

与历史产生深刻的心灵对话，才能唤起内心深处对历史真善美的执着
追求，以此成就美善品格和高尚追求。本研究不仅从理论上尝试建构
历史美学的基本主张，而且在实践中探索历史教育的审美化路径，以
历史教学审美化提升历史教育品质，让历史教育彰显育人价值之美、
文化思想之美和学生主体之美。因此，历史教育的审美之维，是深化
历史课程教学改革的重要探索，是基于新课程新教材进行的历史教育
改革的生动实践。相信本书对历史教育专业发展、高等院校的历史教
师培养以及基础教育阶段学生人生观、价值观和世界观的形成都能发
挥重要价值。

2024 年 4 月

自　序

2020年，我到西北师范大学教育学院担任历史课程教学论教授，讲授历史课程与教学论课程。这促使我开始系统思考历史课程与教学论的学科建设问题。我从过去20多年高中历史教学的经验中认识到，历史教育不同于历史学，也不同于教育学，而是要从历史学的研究方法出发，运用教育学的理论达到历史教育的目标。历史教育是国民素养教育，是为学生人生观、价值观和世界观奠基的教育，应该让学生在历史学习中增加智慧，学会正确认识与解释世界，能够以理性的思维建立对世界的正确认知。因此，历史课程与教学论应该有自己的学科视野，单纯的历史学和教育学都不能支撑历史课程与教学论这一学科。正是基于这一认识，我在高中历史教学和大学历史课程教学论这两种相互关联的课程教学实践中，基于历史教育的育人本质和历史学科思维，逐渐形成了历史审美教育的理论主张和实践范式。

历史记载着过去，历史学是对历史的解释之学。过去的历史总是以某种形态存在于今天，总是传递着美善价值，给后人以启迪，让未来更有方向。但是，现在的历史教学常常被抽象的碎片化的历史知识所淹没，机械记忆、死记硬背成了学生历史学习的常态，学生感受不到历史学习的快乐。同时，高等师范教育理念陈旧，历史课程教学理论很大程度上还停留在"双基"和"三维目标"的层次上，不能适应新一轮课程改革的需要。因此，中学历史教育呼唤新的历史教育价值观和方法论，高等师范教育的历史课程与教学论需要更新历史教育的理念，从而让学生在历史学习中走向真善美的人生境界，这是历史课程教学面临的新的课题。可以说，在落实立德树人根本任务、培养学生核心素养成为历史教学目标和方向的背景下，以审美的视角丰富历史课程与教学论，是历史教育的重要探索，也是历史教育改革的重要方向。

随着《普通高中历史课程标准（2017 年版 2020 年修订）》和《义务教育历史课程标准（2022 年版）》的发布，新一轮历史教学改革全面展开。新一轮历史教学课程改革最大的特点是将学科核心素养作为历史教育的目标，彰显历史教育的育人价值。在这样的背景下，一方面，历史教育要彰显其学科特点，要用历史学科的理论与方法认识历史、解释历史；另一方面，历史教育的根本目的是立德树人，需要通过历史解释引领学生从历史的真善美中获得价值引领，明晰历史发展方向，树立正确的世界观、人生观与价值观，从而成为自觉推动历史前进、站在历史正确方向的一代有为青年。由此，一个非常重要的问题是：中学历史教师要具有怎样的素养，才能胜任新课程标准背景下的历史教学？笔者在多年的历史教学实践中逐渐认识到，在深化课程教学改革、以实现立德树人根本任务为宗旨的新一轮教学改革中，让历史教学走向美学境界具有重要的实践意义和理论价值，其关键是充分彰显历史学科的育人价值，培养学生完善之人格和健康之品性，这与新一轮历史课程改革的根本目标是一致的。历史教学需要彰显美学关怀，学生成长需要美学滋养，审美是历史课程教学的重要方向，也是历史学科育人的方法论，在这样的实践中，历史课程教学美学的理论与实践逐渐丰富。

意大利历史学家克罗齐曾经说过："历史学家受面向未来的推动，用艺术家的眼光审视过去生活的一切方面，用同样的眼光发现人类事业总是既不完美又完美，总是集暂时性与永恒性于一身。"① 克罗齐指出了我们研究历史的目的和方法：面向未来，以审美的方式。遗憾的是，由于对学科教学价值缺少足够的认识和受应试教育的影响，历史学科这一承载着崇高育人价值使命的学科被机械的、碎片化的知识教学所淹没，历史学科培育完美人性和丰富精神世界的价值没有得到很好的实现。在以实现立德树人根本任务为宗旨的新一轮教学改革中，学科育人价值的发挥成为大家关注的热点。

我曾经说："历史教学如果缺少了情感的熏陶与催化，就很容易变成干瘪的空洞言辞。"历史学科是一门充满灵性色彩和智慧光芒的学科，趣味无穷，但目前，学生喜欢的程度不高，教师也疲惫不堪，历史教学陷入非常尴尬的境地。出现这种局面的根本原因是历史学科的本质被遮蔽，历史教育的价值被弱化，历史教学缺乏美感，进而导致历史教学变成了知识的记忆和应试技能的训练。让教学走向审美的

① ［意］克罗齐：《作为思想和行动的历史》，34 页，北京，中国社会科学出版社，2005。

关键应该是从历史学科的育人价值出发，着眼于学生的思想实际，挖掘历史学科独特的审美价值，从情感入手，做到"寓理于情"，与历史同悲欢、共进程，激发学生强烈的历史使命感，从而让历史教学走向美学境界。

美学是未来的教育学。可以说，历史教学走向美学境界代表了深化课程教学改革的方向，但这一领域的研究和实践仍有巨大的空间。要让学生在对人类历史发展进程的把握中发现历史之美，教师就要在对历史学科内容的深刻挖掘中营造审美空间，在回归生活的教学设计中提升学生的审美境界。例如，对于青铜器的认识，历史教学显然不能仅局限于数学思维，仅研究其构造、比例，而应该鼓励学生以审美的想象来认识青铜器，对其背后隐蔽的无限存在、其文化与生活的意义进行想象性赋予。此外，瓷器、绘画、玉器等历史文物，都总是立体地鲜活地展示着人们曾经的审美取向，体现着他们的生活态度，这些内容都需要我们从美学的视角去解读。历史教学走向美学境界的关键是充分彰显历史学科的育人价值，培养学生完善之人格和健康之品性。近代学者王国维于《教育之宗旨》中有言："教育之宗旨何在？在使人为完全之人物而已……发达其身体而萎缩其精神，或发达其精神而罢蔽其身体，皆非所谓完全者也。"① 教育的终极目标就是促进人的全面、健康发展。历史教学改革的关键是如何通过一种美学建构，使历史教学真正成为能够作用于学生生命本身的力量，进而使其成为有关人的生活意义的文化活动。

这本书的内容基于我二十多年的高中教育实践和四年的大学历史

---

① 傅杰：《王国维论学集》，449 页，昆明，云南人民出版社，2007。

课程与教学论教学实践。我希望将历史课程与教学论的审美视野介绍给中学历史教师，开拓中学历史教育的新视野，提升中学历史教育的境界，让历史教育担负起立德树人的使命。同时，我也把这本书推荐给大学从事历史课程与教学论教学与研究的各位专家、学者和老师们，希望大家就这一问题展开讨论，进一步丰富历史课程与教学论的学科建设视角。这本书也适合正在大学进行历史课程与教学论学习的本科生和研究生阅读，还适合中学生作为学习拓展阅读，希望美学能帮助大家更好地理解历史、认识世界并创造美好生活。我对历史本体之美的论证、对历史解释的艺术史方法和历史教材中艺术图像的解读，都尝试着丰富历史课程与教学论学科本体的方法，让这一学科获得更多的理论力量与实践话语，从而为促进历史教育的发展作出我们这一代历史教育工作者的努力。

历史学科的根本任务是立德树人，落实这一根本任务需要对历史课程与教学论的价值立意进行重新审视。因此，历史课程与教学论必须要建立自己的学科话语，从学科本体的角度思考这一学科的育人价值与内容体系建构。作为一门学科，它一方面承担着培养学科专业人才的任务，要通过这门学科的学习让未来的历史教育工作者具有系统的学科思想和学科思维，掌握学科必备知识，具有历史教育的关键能力；另一方面承担着培养德智体美劳全面发展的时代新人的使命，要通过历史学科的学习，让青年一代了解历史发展的基本过程，把握历史发展的基本规律，明晰历史发展的未来方向。如何透过纷繁复杂的历史现象看到历史规律，如何在众多的历史事件中厘清脉络，如何在古今中外的历史学习中增强国家民族认同，如何引导学生坚定地树立四个自信，都需要树立正确的历史价值观与科学的历史认识论。

马克思主义唯物史观是认识、理解历史的科学理论，在这一科学的理论基础上，本书提出了"历史课程与教学论的审美建构"这一重要概念，赋予这一学科以全新的视野，也就是美学的视野，并尝试提出历史美学的概念。这一概念的提出基于我多年的历史教学研究与实践，是从唯物史观特别是马克思主义美学的基本原理出发，对历史本体的审美性以及历史认识的审美视野进行阐释。本书的八个专题对应着对历史美学进行整体建构的八个方面，力图系统构建历史课程与教学论的理论基础与实践逻辑，凸显历史课程与教学论审美建构的完整性、逻辑性与系统性。

专题一从历史存在的本体之美的视角加以论证，提出历史发展遵循着美的规律，历史学本身就是按照美的逻辑建立起来的，历史就是人类不断获取自由的实践，是生命之美的体现。专题二从历史教学审美化的实践逻辑出发，试图说明历史本体之美的存在必然要求历史课程与教学以审美的视野去理解历史，从历史的规律性、价值性和历史教育的过程性及学生学习的主体性等角度论证历史教学的审美逻辑和审美机制。专题三从历史教学中学生审美意识的培育出发，说明审美意识是根植于学生精神深处的历史观和方法论，要想让历史学科的美育价值得到真正体现，就要从审美意识这一目标出发，让学生以美的眼光进行历史审视，彰显历史真善美的价值。学生只有掌握正确认识历史的方法，具有审美的眼光，才能发现历史之美、理解历史的崇高性和价值性。专题四从历史时空观的角度阐释历史教学中的审美理解。历史时空是人类带着内心对自由的渴望创造出来的社会时空，历史时空观是历史学科核心素养的重要内容。要建立真正的历史理解，就必须理解历史时空的审美性，看到人类生生不息的历史活动背后寄托着人类对美好生活的渴望。这一部分内容从历史评价的视角阐述了历史时空观的审美性，以辛亥革命这一重大历史事件为例，阐释了民主共和和民族自强这一近代以来中国革命的潮流所向和孙中山等革命党人的革命精神是辛亥革命历史之美的核心要义。艺术是人类心灵的声音，历史中的艺术表达着特定时间的人类的理想和追求。因此，专题五从艺术史的视野出发，系统阐释艺术史的理论，从艺术的视角理解历史之美。专题六从对高中历史统编教材中的艺术图像的理解出发，阐释理解历史图像所蕴含的精神和价值，建构艺术理解的基本范式，让艺术之美充分彰显，进而看到人类历史的规律之美、精神之美和创造之美。我认为艺术的视野是历史课程与教学论学科体系建立的重要支撑，并围绕这个主题进行了多年的研究，基于艺术进行历史解释的研究成果在本书中得以全面阐发，这应该是对历史课程与教学论这一学科内容体系的丰富。专题七从历史课程实施的角度诠释历史教学审美化内涵，通过历史学科实践活动组织、跨学科主题活动设计、历史情境化教学创设和乡土文化课程资源的审美开发等维度的实践，为学生创设身心一体的审美体验，让学生在丰富的情感体验中理解历史。这些内容是对新课程改革所倡导的转变育人方式的实践探索，更是增强学生审美体验、让学生在多维立体的情境中理解历史的大胆创新。于是，历史教学方式的转型、学生学习主体地位的体现得以统一于历史课程教学的审美建构中。专题八探讨家国情怀与历史教学审美化。家国情怀是历史学科五大核心素养之一，也是历史教育的根本目标。它属于情感价值范畴，并不是通过知识学习和能力培养等常规教学就能实现的。培养学生的家国情怀是新课程改革的难题。本书就这一问题进行了全面的分析，从家国情怀与美学精神的内在关联出发，论述了家国情怀的构成中必然离不开特定民族国家的文化意识和审美取向。中华美学精神中天人合一、家国同构的人生美学本身就是家国情怀的重要内容，家国情怀与中华美学精神统一于儒家思想这一中国文化根本精神的基石上。进而指出，培养家国情怀需要实施历史教学审美化，让学生通过审美化学习构建审美化教学实现机制，以解决历史教学落实立德树人根本任务这一重大课题。

以美学视角丰富历史解释、拓展历史教育方法、构建全面育人机制，由此建立历史课程与教学论的学科阵地，是本书在学术上的追求。诚恳希望本书的内容能引起专家、学者和广大同学的进一步讨论，也希望大家提出批评意见与建议，通过我们的共同努力，让历史课程与教学论建构的审美视野这一研究与实践不断丰富，不断发展。

目　录

专题一 历史存在的本体之美

　　历史教学的审美旨趣建立在历史本体之美的基础上，正因为历史本体具有审美属性，对历史的理解与阐释才需要审美介入。进一步说，历史教学的审美旨趣不是外在的强制，而是历史本体的规定。离开审美旨趣，我们就无法建立对历史事实的理解与解释，无法敞现历史真善美的价值。历史的美学向度集中表现在"历史具有内在的积极性"，不断追求美善的目标，正义与邪恶、美好与丑陋、进步与倒退，都会在历史的评判中得以澄澈，从而显出真善美的光辉。历史得以不断建构和解释的内在逻辑就是美学，那些彰显崇高的、道德的、理性的价值被记录、流传、实践，这内在地规定了历史理解需要审美视角。劳动创造历史，也是人存在的基本方式。人类历史本体的美体现在人类的劳动实践中，人按照美的规律改造世界，塑造自我。历史教育要承担起学以成人的使命，就要在保持对历史真理性探究的同时趋向人文性，从求真走向审美，在历史学科的美学属性认同、历史课程教学体系的审美建构和历史教学价值的美学观照中彰显历史学科立德树人的价值追求。

第一节　历史存在本体之美的三个维度

一、人类历史的发展进程需要审美驱动

人类历史本体的美学向度体现在人类不断改造外在世界并获取自由的过程中，历史的前进表现为人类自由程度的增加。整个人类历史的发展进程既是人通过物质生产劳动不断创造自由的过程，也是人的本质力量不断得到彰显的过程。人在任何时候都不会放弃对美的追求，这本身就说明人类从不放弃对自身个性的自由发展的追求。近代以来，中华儿女以不同方式同外国侵略势力和本国封建势力进行斗争，就是为了摆脱侵略，推翻专制统治，取得国家和民族的独立，获得自由和解放。人们与战争、灾荒、疾病作斗争，同样体现了人类对自由的追求，这样的斗争也贯穿了人类历史的全程。因此，美的本质就是人对自由的追求，这是人类全部历史进程的内在向度。

"历史学是在一定历史观指导下叙述和阐释人类历史进程及其规律的学科……历史学是人类文化的重要组成部分，在传承人类文明的共同遗产、提高公民文化素质等方面起着不可替代的重要作用。"[①]普通高中历史课程标准对历史学科课程性质的阐释具有深刻的美学意蕴，体现了人类追求美好未来的理想，具有重要的马克思主义美学旨趣，充分彰显了人类历史的本体之美。在《1844 年经济学哲学手稿》

---

①　中华人民共和国教育部：《普通高中历史课程标准（2017 年版 2020 年修订）》，1 页，北京，人民教育出版社，2020。

中，马克思指出，动物只是按照它所属的那个种的尺度和需要来建造，而人懂得按照任何一个种的尺度来进行生产，并且懂得处处都把内在的尺度运用于对象。马克思这段话的深刻性在于提出了内在尺度的概念，这里的"内在的尺度"就是人类对美的追求。正是受到不断追求自由和解放的目标驱动，人类才会不断地从事物质生产和精神生产，以促进世界不断趋向合目的性与合规律性的统一。因此，人类社会不断前进的根本动力是建立在物质生产基础上的人的自由和解放。马克思主义唯物史观深刻地揭示了人类社会不断向前发展的内在逻辑，生产力决定生产关系的基本原理内在地决定着社会发展的方向，一切阻碍社会生产力发展的旧的阶级、制度都会被新的阶级、制度所代替，社会总体呈现螺旋式向前发展的趋势。统编高中历史教材《中外历史纲要（上）》的中国近代史部分鲜明地体现了这种社会发展逻辑。近现代中国历史是在中国人民不断探索民族独立和现代化道路的目标引领下向前发展的。当外来侵略势力和中国封建反动势力成为中国社会发展阻力的时候，反侵略和反封建就成为中国近代历史的重大主题，这两种势力也是中国社会向前发展必须要扫除的障碍。中国共产党从诞生之日起就以建立共产主义社会为最终奋斗目标，阶段性地提出了"打倒帝国主义、推翻军阀统治"的革命任务，领导中国人民进行了伟大的新民主主义革命，直到推翻三座大山，建立新中国。人类历史就是人类不断克服束缚自身的各种阻碍、走向自由与解放的过程，中国共产党领导中国人民进行的波澜壮阔的革命历程正是在实现中华民族自由与解放这一目标的推动下完成的。看似纷繁复杂的社会有着内在的运行规律，追求自由与解放、不断创造更美好的生活——人类基于这样的目标形成了强大的追求美的力量，这种力量是人类历史不断向前发展的不竭动力。

二、客观历史中蕴含着人的精神之美

历史之美的本体性不仅表现为历史事实的客观性、人类社会的发展性，也表现为人类精神的审美性。伴随着历史的发展，人类不仅创造了对象性的物质世界，也创造了彰显美善追求的精神世界，人类社会的进步是物质与精神共同发展的结果。《中庸》指出："唯天下至诚，为能尽其性。能尽其性，则能尽人之性。能尽人之性，则能尽物之性。能尽物之性，则可以赞天地之化育。可以赞天地之化育，则可以与天地参矣。"如何"尽人之性""尽物之性"？人何以"与天地参"？答案当然蕴含在人类历史发展的智慧之中。这需要我们去挖掘历史中的人类如何与自然和谐相处、如何尊重社会发展规律以推动历史前进，如何从人类历史的教训中学会反思等既往经验。统编高中历史教材选择性必修 3《文化交流与传播》第一单元"源远流长的中华文化"全面介绍了中华文化的发展历程与中华优秀传统文化的内涵和价值，诠释了天人合一的思想内涵：将天、地、人视为一个整体，认为人类利用自然应该尊重自然规律，顺应自然，建立人与自然和谐发展的关系。这一思想在人类历史上具有永恒的价值，是中华文明对人类文明的重大贡献。中华优秀传统文化是历史本体之美的载体，"中华诗词与书画、戏曲与功夫、园林与工艺等，都带有并延续着中华独有的价值观念和审美智慧"。① 文艺复兴以来近代科学与艺术的发展反映了新兴资产

① 束鹏芳、董玉娟：《历史课程之"中华文化"的"内容要求"》，载《中学历史教学参考》，2018(11)。

阶级的价值追求，这种历史进步是在反对封建神学控制的过程中向前发展的。统编高中历史教材选择性必修 3《文化交流与传播》对中世纪的西欧宗教文化进行了介绍。当时罗马教廷的势力不断扩张，在精神上控制人们的自由。教会用宗教神学维护其统治权威，极大地束缚了科学的发展和人类精神的解放。正在成长中的资产阶级要以新的世界观和方法论冲破天主教神学世界观，弘扬人文主义精神，肯定人的价值，追求个性自由和解放。于是，理性逐渐代替了对权威的盲目崇拜，精神解放了，人的地位提高了。人们开始感觉到自己的尊严与无限发展的潜能，把个性自由、理性至上和人性的全面发展设定为自己的生活理想，带着蓬勃的朝气向各方面探索和扩张。从这个意义上，我们完全可以说：文艺复兴的历史是人的精神觉醒的历史，是人类走向解放和自由的审美历程。

三、历史是面向未来意义的审美建构

历史是人类基于现实和未来的意义与过去进行的审美对话。一方面，历史是人类经历过的客观存在；另一方面，人类为了现实和未来的意义对客观历史进行价值重构，自由、平等、民主、法治、和平、发展等价值追求被传承和记忆下来。正如德国历史学家约昂·吕森所说："仅仅学习历史事实是没有意义的，历史永远是阐释的结果。"①历史学科立德树人的课程目标决定了在历史教学中进行历史解释是基于正义、美善和崇高的目的。伽达默尔指出，历史理解的真正对象不是事件而是事件的意义。黑格尔把"观念"和"人类的热情"并称为"世

---

① 刘潇潇：《正视历史迎接人类共同的未来——访德国历史学家约昂·吕森教授》，载《中国社会科学报》，2013-05-29。

界历史的经纬线"，认为人类的行动要根据自己的理解、独立的确信和意见来决定是否献身于一种事业。如果说人类历史的全部过程都是基于人类对自由的向往，包含着人类的希冀、梦想和精神等情感，而历史存在的价值在于为未来指引方向，那么历史就必然是一种审美重构，作为历史教育的历史课程就必然彰显出人类文明的智慧之光和对未来的正确的价值指向。对于历史的价值，习近平总书记在纪念毛泽东同志诞辰 120 周年座谈会上说："历史就是历史，历史不能任意选择，一个民族的历史是一个民族安身立命的基础。不论发生过什么波折和曲折，不论出现过什么苦难和困难，中华民族 5000 多年的文明史，中国人民近代以来 170 多年的斗争史，中国共产党 90 多年的奋斗史，中华人民共和国 60 多年的发展史，都是人民书写的历史。历史总是向前发展的，我们总结和吸取历史教训，目的是以史为鉴、更好前进。"可见，历史中蕴含着人类走向未来的"密码"，历史是为了崇高、正义的目的而存在的。高中历史统编教材充分体现了历史学科育人的价值导向。教材编写者不仅把社会主义核心价值观、统一的多民族国家发展和人类命运共同体等价值理念渗透到教材编写体系之中，而且通过把它们作为重大主题建构出了历史教材的核心框架。这些都充分体现了教材是国家事权，服务于为党育人、为国育才的国家教育战略。历史教育必须认识到统编教材彰显的社会主义教育方向，把培养青少年的国家认同和家国情怀作为历史教育的目标，以高度的育人价值自觉用好统编教材。例如，统编高中历史教材中的中华优秀传统文化内容，比较清晰地呈现了中华文化发展演变的过程，在这一过程中，中华文化不断吸收外来文化并获得新的发展。设计这一单元内容的目的是让学生能够掌握中华优秀传统文化的丰富内涵，了解并认同中华优秀传统文化，认识中华文化的历史价值和现实意义，从而增强文化认同，培养文化自信。同时，对教材中世界多样文化的学习，也可以培养学生理解和尊重世界各国、各民族的文化传统，涵育开放、包容的国际理解素养，为培养青少年的人类命运共同体意识奠定文化基础。上述内容体现了统编教材在文化内容方面的价值指向：通过中外文化多样性以及中国文化在世界文化发展中不间断的独特性的比较，引导学生理解中国特色社会主义道路自信、理论自信、制度自信、文化自信，理解和尊重世界各国、各民族的文化传统，树立正确的文化观。①

立德树人是历史教育的根本任务，历史教学审美是实现这一任务的重要途径。探寻历史本体之美是历史课程教学改革的逻辑起点，历史教学审美是基于历史学科特质和育人本质提出的历史教学主张和操作范式，审美的核心要义是彰显历史的真善美价值，在充分满足学生感性经验、具身体验的基础上拓展出全新的教学样态，构筑出丰富的审美意象，让学生在历史学习中实现审美体验与审美创造的统一。历史虽然是客观发生的人类生活历程，但哪些内容进入到我们关注的视野、哪些内容值得我们去讲述、哪些内容需要我们传承和记忆，都是经过人的价值筛选的，是服务于人类现实和未来美好生活需要的，具有深刻的美学意味。

---

① 张海鹏：《统编高中历史教科书的学科体系和学术体系——适应和掌握统编高中历史教材〈中外历史纲要〉（上）的意见》，载《课程·教材·教法》，2021(9)。

第二节　历史理解的审美建构

如第一节所述，历史本体的美学向度赋予了历史理解的审美性，只有从审美的视角才能真正认识历史的价值性、规律性，才能从历史中获得启示，明确未来的方向。历史理解是历史学科素养的基础，是研究和认识历史的关键能力，在科学认识和全面理解历史现象的过程中发挥着重要作用。所谓历史理解，实际上就是全面理解和认识过去的思想方法。[①] 为了更好地在教学实践中帮助学生建立科学的历史理解，需要从内涵上进一步厘清历史理解这一学科素养的主旨，从历史学科自身的理论和方法出发，明确历史在何种意义上是可以理解的，如何在教学实践中将这一课程目标转化为学生的素养。

历史理解从根本上说是基于正义的、美善的和希望的目的对历史进行的阐释与建构。阐释是历史学的表现形态，历史研究的根本任务就是对人类历史进行解释，认清人类历史发展的原因、联系、目的、影响等。历史理解在何种程度上成为美学的一部分，或者说成为历史本体，是理解历史美学的关键问题。历史的美学向度集中表现在长时段看历史，历史有着不断向前发展的规律。历史的大趋势是走向自由和解放。透过历史发展的进程，历史的价值性、正义性和规律性都将得到彰显。正是人们把对美好未来的期待转化为人类从事社会生产实践的动力，才能推动历史前进。我们由此判定，历史得以不断建构和

---

① 邓京力：《历史理解与历史解释辨析》，载《历史教学（上半月刊）》，2016(6)。

解释的内在逻辑就是美学，那些彰显崇高的、道德的、理性的价值被记录、流传、实践。历史教育要承担起学以成人的使命，就要在保持对历史真理性探究的同时趋向人文性，从求真走向审美，在历史学科的美学属性认同、历史课程教学体系的审美建构和历史教学价值的美学观照中彰显历史学科立德树人的价值追求。

天地之大美寄于人的历史之中，感受美、理解美、创造美是人生向前的牵引，亦是历史不断发展的根本动力。虽然历史上发生的一切事件都是客观的，但进入人类视野特别是历史教育视野中的历史事件不是随意的，它带着历史研究者的主观意图，这个意图是什么呢？从历史价值论的视角看，它只能是人类对真善美的追求，即希望通过对特定历史事件的阐释，让人们看到启示与教训，让过去的历史在今天发出声音，这声音就是引导人们更好地走向未来的号角。人类在漫长的历史进程中创造了丰富的物质文明和精神文明成果，这些成果之所以被人们发现并传承，是因为它们当中蕴含着人类走向更美好的未来的基因，像火把一样照亮了人类未来的方向。由此，历史理解作为对历史真实的认识便具有了丰富的审美内涵，构成了历史本体之美的重要内容。

一、历史理解的内涵的三个维度

历史理解从根本上说是研究和认识历史的基础性的能力素养，是历史学科理论和方法体系的重要内容，对其内涵的阐释可以从历史学科理论的三个重要组成部分出发，即史学本体论、认识论和方法论。

(一)作为史学本体论的历史理解

史学本体论是指关于社会历史过程本身的性质和特点的认识,①其任务在于解决主客体谁为历史认识的对象的本源问题。历史是可以理解的,这是由历史自身的存在本质决定的。人们对历史的根本看法和观点的不同,影响着对历史的认识,从而产生不同的历史理解。如历史唯物主义与唯心主义在世界本源问题上的根本分歧导致它们对世界解释的差别;对历史有无规律可循,历史过程本质上是决定论的还是非决定论的,历史演进过程中物质和精神的关系如何等问题的观点不同,所建立的历史理解和历史解释也截然不同。从史学本体论的视角进行历史理解,需要探寻历史的本质规律,从历史进程中把握历史的本质。梁启超曾经说过:"史者何?记述人类社会赓续活动之体相,校其总成绩,求得其因果关系,以为现代一般人活动之资鉴者也。"②历史远不是记录一般的编年史意义上的史实,而是要叙述"体相","校其总成绩,求得其因果关系",为人类活动提供"资鉴"。这就需要深入地进行历史理解,洞悉历史全貌,以敞现历史意义,这是历史本体存在的内在要求。客观的历史一旦进入研究的视野,就会被置于历史研究者的思维框架中并重构,形成一定的带有明确意义指向的历史叙事。历史不再是自然或超世俗的上帝的作品,也不是经验的、非实在的个人的软弱无能、随时中断的作品,而是真正实在的个人。③历史之所以可以被理解,是因为历史中的人具有共同的本质。人类对美

---

① 庞卓恒:《历史学的本体论、认识论和方法论》,载《历史研究》,1988(1)。
② 梁启超:《中国历史研究法》,5页,上海,上海人民出版社,2014。
③ [意]克罗齐:《历史学的理论和历史》,58页,北京,中国社会科学出版社,2005。

好生活的向往，对真善美的追求是本能的，这既是人类生生不息、永恒发展的前提，也是人类共同追求的价值理想。

正因为历史是以人类及其行为为研究对象的，人类的活动是在人的文化传统和价值追求的框架下进行的，所有的历史事件才无不体现着人的本质，才可以被认识、被理解、被解释。"历史材料里面表现出的前人的言行，与我们今日的言行在性质上是根本类似的。"①史学本体论意义上的历史理解，要求历史研究者运用科学的历史理论，对历史本质规律进行阐释。如马克思主义唯物史观所建立的对人类历史的理解，从物质生产方式的决定性作用理解人类的政治和精神现象，指出社会发展的真正动力是生产力的进步，理解全部历史现象必须从人类的物质生产方式本身出发。正是因为历史是关于人类意义的学问，其发展过程有一定的稳定性和延续性，有共性和普遍的规律存在，历史才是可以被认识的。

(二)作为史学认识论的历史理解

史学本体论的美学特质决定了史学认识论的审美性。史学认识论是关于历史认识——既包括关于具体历史现象的认识，也包括关于一般历史过程的性质特点的总的认识，即史学本体论方面的认识——的性质特点等的认识。② 这涉及如何认识历史研究中主观与客观的关系，对历史研究基本方法和理论体系的态度，在历史认识中的判断标准，等等。史学认识论的关键是解决历史认识主体是否能够认识作为对象的历史或客观实在的"过去存在"能否成为认识对象而被认识的历

---

① [德]德罗伊森：《历史知识理论》，10页，北京，北京大学出版社，2006。
② 庞卓恒：《历史学的本体论、认识论和方法论》，载《历史研究》，1988(1)。

史可知性问题。① 史学认识论视角的历史理解，要求从历史认识的基本史观出发，运用科学的历史研究方法，全面客观地认识历史。从根本上讲，史学认识论决定于史学本体论，即历史研究的方法体系总是受历史研究者内在的史学本体论制约。史学本体论的美学价值需要以审美的视角去认识历史，赋予历史研究以美善价值，起到改造思想和建构更理想的未来社会的功用。如柯林伍德的史学认识论强调历史学方法与自然科学方法的差别，认为历史认识的方法是"在他自己的心灵中重演过去"，强调历史研究者的主观预设在建构历史叙事中的作用，其合理性在于指出了历史研究的主观性存在，即人们在建构历史叙事时总是受某种历史意义和方向的牵引。亨佩尔在《普遍规律在历史学中的作用》一文中指出，"实际上充当了每个历史学家进行历史解释的前提的思想，就是或隐或显地存在于他心目中的关于某种'普遍规律的假设'；即使他自己没有意识到他思想中有那样的普遍规律假设，它实际上也是隐含在他的思想和用语之中的。"②事实上，影响史学认识论的因素非常多，既包括主观的假设或意义牵引，也包括占有客观史料的程度是否全面、真实，等等。

对于历史研究的主观影响因素，英国哲学家沃尔什归纳为四类：一是个人好恶，二是偏见或者是与历史学家所属的某一集团身份相联系的假设，三是有关历史解说的各种互相冲突的学说，四是基本不同的道德信念、人性观或者世界观。③ 学说的冲突往往会产生不同的历

---

① 周祥森：《历史本质理性解释与历史显象感性描述——关于新时期史学方法论史研究的若干思考》，载《社会科学论坛》，2013(4)。

② 庞卓恒：《历史学的本体论、认识论和方法论》，载《历史研究》，1988(1)。

③ [英]沃尔什：《历史哲学导论》，97 页，北京，北京大学出版社，2008。

史认识论观点。近年来出现了全球史观、文明史观、现代化史观，历史研究者运用不同的史观进行历史理解的视角是不一样的，这必然会对历史作出不同的解读。认识论层面的历史理解，本质上是基于哲学思维的历史考察，受本体论制约，立足世界的可理解性，以哲学的思辨理解历史，"遵循着'未经省察的生活是不值得过的'的信念，将一切放置于人类理性的面前进行审慎地审视"。① 历史理解要求从历史认知走向历史批判，不轻易对历史下结论，不断追问历史背后的原因，对历史事实和历史叙事给予历史的理解和现实的建构。

（三）作为史学方法论的历史理解

史学方法论是历史学科研究过程中具体方法的运用，能解决历史认识主客体之间如何发生关系、如何实现相互结合的现实问题，实质上体现为主客体相互作用的机制。由于运用不同的研究方法，历史理解往往走向不同的方向，呈现出多元的解释，有时甚至相互矛盾，但总体上说，多种方法的运用有利于更好地进行历史理解。例如，"实证"和"解释"研究方法的运用，"个别描述式"研究方法和"科学式、法则归纳式"研究方法的不同。历史研究者所采用的研究方法的不同有时源于史学本体论和认识论的差异，这必然产生不同的历史理解，而不同的历史理解或相互补充，或相互矛盾。总体来说，综合运用多种研究方法，也有助于全面认识历史，从而获得全面的历史理解。例如，在考古发掘的史料鉴别过程中，运用自然科学的方法确定出土文物的年代，有助于获得更科学的历史认识；在历史文本和现象的分析中，除了运用经济、政治、文化等历史分析的方法，还可以运用神

---

① 李润洲：《教育哲学：哲学地思考教育问题》，载《教育研究》，2014(4)。

学、心理学等学科方法，既丰富了历史研究的方法，也有助于建立更全面的历史理解和历史解释。

历史学科是研究和掌握历史科学的学问，其特质既包括历史事实，又包括历史研究方法和理论。[①] 历史的真善美是统一的，追求历史真相的过程总是离不开对特定历史阶段人类精神世界的把握，而我们理解历史又总是从认识那些积极的、美善的价值出发，从历史中获得前进的力量。历史研究当然也要批判丑恶，但其目的仍然在于弘扬真善美。历史研究需要回到具体的历史情境中，对客观的历史进行理解和阐释。因此，理解本身是借助概念，通过分析、比较、概括、联想或直觉等思维方法，领会事物的联系、本质及其规律的思维过程。理解的认知意义，就在于把握事物的本质和规律，是一种哲学范畴。[②] 我们惯常见到的历史文本，往往包含客观的历史陈述和对历史事实的分析与解释。这要求历史研究者置身于过去时空以理解历史，从史料实证的角度理解历史事实产生的过程，从时空背景和主观目的等层面寻找影响历史叙事的因素，分析各种不同的历史文本解释的由来以及各种相互矛盾的历史叙事的真相。例如，哥伦布发现新大陆这一历史事件，对美洲土著民和欧洲殖民者来说意义是不同的，在殖民时代评价这一事件和在今天的全球化语境下评价这一事件得出的认识也是不同的。历史理解更强调用历史的方法去深入理解历史事实，回到历史现场，还原历史过程，通过对历史情境的分析和对历史文本的解读，理解历史进程中的变

---

① 马维林：《我们赖以认识历史的"时空观念"阐释》，载《历史教学（上半月刊）》，2017(3)。

② 王均霞、吴格明：《"理解性教学"研究的哲学反思》，载《河北师范大学学报（教育科学版）》，2012(8)。

迁与延续、原因与结果、共性与个性、移情与自省、意义与价值等内容，从而实现对历史事实的叙述和对历史意义的重构。

在历史研究中，史学本体论居于主导地位，史学本体论和史学认识论是史学方法论的基础，史学方法论的功能在于从不同角度把握历史的本质。真正的历史理解需要建立在史学本体论和史学认识论的基础上，即首先明确历史是什么，历史认识如何可能，然后运用史学方法论对历史进行多重解读，建立历史理解和历史解释，使历史认识从现象上升到本质。真正意义上的历史理解是由"内在的蕴藏于历史现象之中的历史本质的揭示、诠释构成的"①。

无论是史学本体论、史学认识论还是史学方法论，它们都统一于史学价值论。人类历史本体的存在彰显出人类历史发展的方向性和进步性。如果没有人类对自由与解放的追求以及对真善美的渴望，人类生生不息的历史便无法延续。同样，史学认识论与史学方法论也要遵循历史本体美的这一基本认识，从美的视角去理解历史，看到人类历史背后的美善动因，在对历史规律的把握与对历史精神价值的体悟中获得对历史的理解。

二、建构历史理解的目标维度

面对历史现象或者研究历史问题时，必然从基于事实的探究走向基于关系和意义的理解。由此，历史理解的对象也就自然包括相互递进的三个层次：一是过去发生过的历史事实，二是历史研究者对历史事实进行一定的重构后的结构化、关系化的历史，三是对历史事实的

---

① 周祥森：《历史本质理性解释与历史显象感性描述——关于新时期史学方法论史研究的若干思考》，载《社会科学论坛》，2013(4)。

解读以及对历史意义的体悟。历史研究的任务就是从上述三个层次出发，探寻历史研究对象的本质，获得对历史研究的规律性分析，形成认识历史的系统化观点和方法，以更好地指导历史认识的实践，"强调熟练理解过去生活的多样性、差异性和独特性，连续与变迁的相互关系，历史事件与发展趋势的多元因果等。"①因此，历史理解的目标可以概括为几个互相联系、逐层递进的维度。

（一）历史事实的澄清与建构

澄清事实是历史研究的起点。对于历史教学来说，一般是先了解事实，然后寻求对事实的理解，建立事实间的关联，对历史事实进行解释。在获取史实的过程中，史料是历史研究的主要依据，但史料本身是无序和杂乱的，需要研究者去选择、甄别、整理和解读。哪些史料能进入研究者的视野，如何解读这些史料，都必须服从于研究者的主观目的。从这个意义上说，历史是基于客观存在的史料建构出来的，是被置于某种描述之下的事件。事实上，"对于大部分历史学家来说，能够被他们用来写成'真实'记事的史料，远比他们真的写在文本中的来得多，因此，在所有的记事之外，历史学家能做的，事实上，也的确是他们在做的，就是小心翼翼地加以选择、分类和衡量，结果则是拟构了某种'过去的情景'"。② 由于历史事实发生的时间比较久远，除了亲历的部分外，大部分历史研究是我们借助历史文本进行的。因此，历史理解不能仅停留在对文本史实的确定性的把握上，

———————

　　① 郑流爱：《关注历史知识、历史思维和历史理解——英国"新历史科"探析》，载《全球教育展望》，2007(3)。

　　② [英]詹金斯：《论"历史是什么?"——从卡尔和艾尔顿到罗蒂和怀特》，9页，北京，商务印书馆，2007。

更要探求史实进入研究者视野的缘由，文本上的客观史实本身包含着历史叙事者的主观意图。

对于历史研究者而言，到底哪些历史遗存会进入研究的视野而成为历史研究中的史料，这是一个主观选择的问题，要服从于需要。史料不是历史本身，解读史料需要强调在具体的历史语境下通过史料实证还原历史事实，用"同情""移情"的方式实现对真实历史的重构。历史事实的澄清对于历史研究来说只能是一个追求中的、被无限接近的目标。作为以过去为研究对象的学问，历史学又必须保持对史实的绝对亲近与对史料的永不退却的热情。对历史事实的客观而全面的掌握，是深入理解历史、建构历史联系、阐释历史意义的前提。

(二)历史叙事的理解与辨析

掌握历史事实仅仅是历史研究的第一步。只有探究历史事实，理解历史原因与结果的关系，才能通过类比与辨析获得全面的历史认识。历史理解就是要找出这种不同背后的东西。例如，孔子在不同的时代有着不同的遭遇。董仲舒提出"罢黜百家、独尊儒术"，陈独秀提出"打倒孔家店"，袁世凯提出"尊孔复古"，等等。时代需要孔子以不同的形象出现的时候，他就变成了"被希望变成的样子"。这需要我们置身于历史之中，观照时代之需，了解过去并建构今天我们对孔子思想的理解。

人类历史是已经发生的人类活动创造的文明，对其的研究需要社会科学的理解范式，如考古学、人类学、心理学等。比如，不同地域的人类的生产生活方式以及思维方式既有共性特征，又呈现出各自的特点；在农业文明社会和工业文明社会中，人类的价值取向和行为特点既有共性，又有差异性。历史研究可以从人类与自然环境和社会文化环境的复杂互动中寻找规律，找到认识历史的途径，获得对历史的深刻理解。历史理解不是主观对客观的随意解释，而是要重新找回那些情境或者被人赋予意义的事实的真相。比如，对文艺复兴历史的考察，我们倘若站在整体描述文艺复兴历史的角度，就必须精心选择有代表性的若干历史陈述，将其联结成一个能够反映这段历史进程的整体图景。同样是关于文艺复兴的历史叙事，不同的历史叙事者也可以呈现个别的陈述，"有的图景向我们展示的是古典文化的再生，有的图景铺陈的是中世纪后期文化在文艺复兴中的延续和发展，有的把文艺复兴主要展示为文学和艺术风格"①。这时，任何一个侧面的研究对特定领域而言可能都是符合事实的，但无论过于强调哪一个特定领域，其实都会对整体的把握产生一定的冲击，然而这在历史研究上又是无法避免的。我们进行历史理解，必须辨别历史叙事者的叙事倾向和可能影响其进行历史叙事的若干因素，甚至综合不同的个别的叙述来获得对于研究对象整体图景的把握。

深刻的历史理解还应该包括对历史规律的总结与辨析，透过现象看本质，透过具体的零散的事实分析历史的趋势。要运用唯物史观理解历史，发现历史规律，形成历史理解的理论自觉，就要从史学理论出发，对历史研究的过程和本质有清晰的把握。

（三）历史价值的追问与阐发

对历史价值的追问渗透在历史研究的全过程中，在探究史实时受

---

① 彭刚：《叙事的转向：当代西方史学理论的考察》，49 页，北京，北京大学出版社，2009。

价值规约，在建立历史关联、建构历史叙事时需要价值纽带，在建构历史意义时受价值牵引。具体来说，对历史的研究从一开始就渗透着研究者的主观目的，研究的对象是什么、用什么材料都受价值规约；对历史叙事文本的解读也需要从当时人们的情感、态度、信念等角度去把握，根据历史研究者本身持有的目的去理解；历史研究要阐发的意义同样指向人们预设的价值，寄托着人类的审美追求和对未来的希冀。这样，无论是历史研究者研究历史还是学生学习历史，都需要在过去、现在与未来之间建立联系，获得关于现在和未来的启示，这是历史学科的价值所在。

所有的历史都蕴含着人类活动的意味、意图、想象和信念，历史理解的本质可以概括为一种创造性行为，其目标是在不同的文化语境和复杂的历史环境下实现求同存异，获得更高层次的认识。从这个意义上说，历史是真正实在的人，即永恒个性化的精神的作品。历史研究需要从社会存在出发，将生产力与生产关系、经济基础与上层建筑、社会存在与社会意识结合起来，准确把握特定时代人类的精神状况，理解时代的文化精神。这需要从美学视角赋予历史新的意义，让人们从历史中获得精神滋养，理解生命的价值，找到不断超越自我的方向。

伽达默尔提出"理解何以可能"的问题，是要探寻作为一切理解方式的共同依据，并且要指明这一问题的答案在于理解并非什么主观行为，而是被处于历史中的对象制约、影响的活动。历史理解总是从特定的历史情境和时代背景出发，建立起历史事实之间的关联；从人的需要出发，回到人的立场，运用科学的历史认识理论，将分散、孤立的历史事件关系化、体系化、意义化，在对现实和未来的无限期待中追问历史的意义。

第三节　人类历史本体之美是由劳动创造的

一、劳动是人类创造美的实践活动

理解人类历史的本体之美，离不开对劳动的理解，劳动就是人类改造客观世界从而使其服务于人类美好生活的方式。马克思认为，人类对于客观世界的改造是依照美的规律来进行的，寄托着人类对美的追求。而人的审美观念又是在生产劳动和生活实践中逐渐产生和形成的。每个时代的人们都具有那个时代特定的审美观念和价值追求，历史不过是追求着自己的目的的人的活动而已。这就需要在历史教学中以普遍联系的观点构建历史理解的空间，挖掘事件背后的审美价值取向。马克思在实践本体论的奠基性著作《1844 年经济学手稿》中写道：实际创造一个对象世界，改造无机的自然界，这是人作为有意识的类的存在物的自我确证。马克思的观点表明劳动和创造是人自我确证的方式，这是人不同于动物的存在方式。进一步说，人的生产实践是有目的地自觉地改造世界的活动，这种活动一方面满足人的实际需要，另一方面使人们获得不同于实际需要的精神上的愉快，使人在实践中不断地从"必然王国"走向"自由王国"。在物质生产方式不断进步的同时，人们与世界的联系更加紧密，用多种方式表达着对世界的理解和对生命的确证，创造着日益丰富的物质世界和精神文化，即自然的美化和心灵的美化。因此，历史是人类通过生产实践活动创造美的历程。历史不会停歇，人类不会放弃对自由的追求，美始终与人类历史相伴。

自从有了人类活动，劳动就与人类相伴，成为人在社会中存在的基本方式。经济学中的劳动是创造财富的手段，而基于人和社会发展视野中的劳动是人类与客观世界相互交往的手段。人正是通过劳动确证自己在世界中的存在并在劳动中不断发展。人的世界是为人所具有的，与社会实践关联；是人化的自然，是历史不断发展的产物，是世世代代的人类的劳动活动的结果。人通过劳动不断地改造着外在的物质世界和内在的精神世界，这是人的理想不断实现的过程，维系这一历史进程不断向前的动力只能是人类对美好生活的渴望。不同人群生活的自然环境存在差异，人与环境相互适应而产生的生活方式也存在不同，但人类存在的基本方式并没有区别，那就是通过劳动不断实现对客观世界和主观世界的改造，进而不断实现人自身的对象化。人类社会生生不息地向前发展，起决定性作用的是合目的性与和合规律性相统一的人的劳动创造。

从人与社会存在的本体性来认识劳动，劳动便获得了在人类历史的进程中的决定性地位。整个人类历史的进程实质上就是人的正当需要不断得到满足的过程，它充分说明，劳动是创造美好生活的方式，人类必须不断实践，通过有目的的社会实践活动创造能满足人类美好生活需要的物质财富和精神财富。人类创造美好生活的过程不是一帆风顺的，但人类无比强大的意志或精神力量维系着自身的前进动力，牵引其不断向前，通过劳动将世界逐渐改造成更符合人类需要的样子。这一过程永不停止，充分彰显了人的力量的伟大。劳动作为人存在与发展的基本方式这一论断，为开展劳动教育提供了根本的出发点。正是劳动的本体性、崇高性和价值性，使得劳动教育成为促进人全面发展的教育不可或缺的重要组成部分。

二、历史教育彰显劳动之美的内涵

学校教育的根本出发点是促进人的成长，让人在生命发展的阶段性进程中实现认知能力、身体素质、情感水平和道德人格等维度的协调发展，以实现立德树人根本任务。因此，劳动教育的价值虽然包括劳动习惯的培养和劳动技能的形成，但从根本上说是对学生进行劳动价值观教育，培养人在社会中存在的价值自觉性，彰显个体存在的主体性。若从促进人的全面发展的视角来认识劳动教育的价值，劳动教育首先是劳动价值观教育，其次才是劳动习惯教育和劳动技能教育。劳动是生命的主体活动，劳动的根本动力是人不断追求自由解放的美学境界。过去劳动教育之所以受到忽视，并非是因为学生在家庭和学校中没有参加劳动，而是对劳动之于学生发展的意义认识不够，将劳动作为体罚学生的手段，甚至以"考上好大学就可以摆脱受苦受累的劳动，过上好生活"来激发学生的学习热情，从而出现有劳动但没有教育及学生被迫劳动、讨厌劳动等劳动教育异化的现象。要改变这样的局面，就必须在马克思劳动本体论的基础上，进一步明晰劳动教育之于人发展的价值，将劳动价值置于美学视野中进行审视，让劳动教育唤起青少年尊重劳动、热爱劳动、渴望劳动的积极情感和价值追求。近代以来，中国人民在中国共产党的领导下进行了伟大革命，取得了国家和民族的独立和自由。这个过程从根本上体现了人的劳动创造对世界的改造，是人的本质力量的体现。人们与战争、灾荒、疾病作斗争，通过创造性的生产劳动推动社会进步，同样体现了人类对自由的追求。因此，劳动的价值就是对美的创造，这是人类全部历史进程的内在向度。劳动教育的审美价值根源于劳动本体的美学价值，让青少年一代认识到劳动的真善美本质，从而增强从事劳动创造的自觉性，树立为国家和社会发展贡献力量的价值自觉，追求真理，勇于实践，乐于创造。

劳动是人的存在方式，具有具身性、主体性和实践性特征。劳动是人身心一体的行为，是主体自觉的行动，是集体力劳动和脑力劳动于一体的人的实践性活动。劳动教育本质上是一种教育活动，要尊重生命的成长规律，需要以学生的生命主体性为前提并指向生命主体性的价值实现。从这个意义上讲，教育就是使人成为主体的人的机制，凸显人的主体性存在是劳动教育的价值观和方法论。

人的主体性的存在方式表现为人们通过物质生产方式实现对世界的对象化改造和对自身精神世界的改造。人是自然的产物，不能凌驾于自然之上，但人又不是被动地屈服于自然的摆布，而是运用规律与外在世界不断进行交往和互动，从而确证自身的存在，不断实现人与自然的和谐——这种和谐不断地从低级走向高级。劳动教育作为一种教育手段，应该向青少年敞现劳动之于人类历史发展的重要意义，让青少年以主体的身份投身于推动历史前进的过程中。因此，青少年的劳动教育不能脱离人类社会存在与发展的现实性，要在社会发展的时代语境中理解劳动的意义，让青少年在中华民族伟大复兴的大历史中确定人生坐标，将个体的人生理想融入时代进步的洪流，不做历史进步的旁观者，而做能够担当民族复兴大任的时代新人。倘若如此，劳动教育便超越了具体的劳动行为而走向了对生命主体性价值的努力践行，也便具有了更深刻的教育属性。

从主体性的视角实施劳动教育，除了上文谈到的深刻认识劳动之于人类历史的重要意义、培养青少年的责任担当和家国情怀以外，还需要凸显日常教育的实践性、体验性和情境性。马克思从人与自然的关系的视角深刻地论证了人的活动是对象性的感性活动，人的主观意识和观念是在人的劳动实践中不断形成的，具有强烈的自我意识和社会意识是人主体性的标志，是立德树人根本任务的目标指向。中小学开展劳动教育，离不开传统的劳动教育课程，要让学生掌握基本的生活能力，从而在日常劳动中实现德智体美劳全面发展。但仅仅做到这些是不够的，真正意义上的劳动教育是要让学校教育回归丰富多彩的生活世界，营造审美的学习生态，让学生从繁重的课业负担中解放出来，走出抽象的符号世界，以体验的方式、实践的方式理解学习对象的意义，从而以多种方式确证学生生命的主体性存在。从这个意义上讲，劳动教育就是要培养学生成为生活的自为者和学习的自主者，成为主体的人、自主的人和热爱生活的人，以身心一体的美学姿态出现在教育生活中。

劳动教育既要有贯通人类历史发展审视劳动价值、增强学生生命主体责任意识的高远追求，也要有立足现实生活去培养劳动意识、掌握劳动技能、形成劳动习惯、锻造劳动品格的具体举措。当学生以主体的、自觉的意识出现在学习和生活之中时，学生学习的探究性和创造性必然得到极大的彰显，生活的意义和乐趣将会在教育中被重新发现，基础教育必将形成以学生为主体的彰显体验、实践和创造活力的新的教育样态。

人类通过劳动创造物质世界和精神世界的过程无时无刻不处在人与自然、社会、自我的互动关系之中。正是在这种互动之中，天人合一、人与存在的契合或者人与万物的一体性这些审美意识才得以生发和彰显。基于此，根植中华优秀传统文化之中的中华美学精神把整个宇宙自然和人世社会看成一个生机勃勃、气韵生动的美善世界，人在这个世界上可以"参天地、赞化育"，追求天人合一、物我一体、刚健有为的人生境界。自强不息、积极入世、建功立业成为中国儒家思想的主流，"乐学""乐生""乐活""乐道"的生命美学精神沉淀在历史深处。美是一种关乎主体生命、人格、情感的积极价值，它从不是外在于生命的，而是生命的本质，是中国人对理想人生和美好社会的审美预设。因此，为了更好地与世界交往，人必须以伦理的审美的方式存在，使有限的自我参与到无限的整体中，按照美的规律改造世界，塑造自我。由此，我们发现，人类的全部历史本质都蕴含着美，无论是文学和艺术还是情感和道德，都彰显着厚重的美学追求。当然，人类历史的现实表现并非都是美好的，环境污染、战争屠杀、恐怖袭击正威胁着人类文明，人性的罪恶、无知和贪婪消解着人性的美好。但也正是人类对美的不懈追求或者说对美好世界的执着向往，成为维系世界正义和善良的力量源泉，就如同悲剧震撼人们的心灵，也让人们更加热爱生活，珍惜美好。人类历史是人通过劳动创造美好生活的历史，劳动的审美性内在地决定了人类历史的审美属性。

历史的美学向度集中表现在历史具有内在的积极性，不断追求美善的目标。人类一切活动的价值都会在历史的评判中得以澄澈，从而彰显出真善美的光辉。我们由此判定，历史得以不断建构和解释的内在逻辑就是美学，那些彰显崇高的、道德的、理性的价值被记录、流传、实践。历史教育若要承担起学以成人的使命，就要在保持对历史真理性探究的同时趋向人文性，从求真走向审美，在历史学科的美学属性认同、历史课程教学体系的审美建构和历史教学价值的美学观照中彰显历史学科立德树人的价值追求。

专题二　历史教学审美化的实践逻辑

　　历史本体的美学特质决定了历史教学实践要彰显审美精神，历史本体的美需要历史教学审美化实践得以敞现。历史教学审美化逻辑具有深刻的真学意味，倡导在教学生活中维护学生具体的、自由的、自主的权利，让学生在与未知世界的真实交往与对话中存在，在无限的可能和真实的生活中存在。历史发展规律需要审美认知、历史教学内容需要审美理解、历史学习过程需要审美体验，这构成了历史教学审美的学科逻辑。在此基础上，本专题进一步阐释了主客体互动、感性与理性平衡和历史与现实相互映照三种历史教学审美机制。历史教学需要审美化，这是因为人只有在审美的教学文化生态中，才能最接近生活的本真状态，充分彰显生命的活力，如此才能充分激发内在的需要和动力，从而以主体的姿态出现在教育生活中，不断走向生命的美学境界。

第一节　历史教学审美的内涵

教学是以人的全面发展为指向的充满人文价值和精神内涵的审美实践活动。教学中人的审美存在体现在教学以人为中心，维护人的完整性，满足人的需要，呵护人的自由，彰显人的本质，让人的尊严和价值在教学场域中得到充分观照。教学场域中人的审美存在表征为：学生在教学生活中是个性化的、具体的、自由的、自主的，在与未知世界的真实交往与对话中存在，在无限的可能和真实的生活中存在。

一、历史教学成就个体生命的完整

中国古典美学重视对人生美学问题的思辨，探讨人生如何实现艺术化、审美化，主张通过积极主动的实践达到生命完满和精神自由，从而成就审美的人生状态，这与教学的要义有着内在的一致性。人生的审美主要是通过自我的提升，与自然和社会实现和谐共生而达到的一种理想的状态。如孔子曾说"知之者不如好之者，好之者不如乐之者"，这种"乐"正体现了生命个体积极进取的心理状态，即把外在规约转化为内在需要，从而获得生命自由。所谓"兴于诗，立于礼，成于乐"，其中的"乐"既体现了个体求知的状态，也体现了个体探索未知时所具有的自由愉悦的内心感受。传统人生美学的观点对我们理解教育有着非常大的启发：课堂教学应该是生命主体自由地求知和创造，学生在课堂上投入全部的情感，探索未知世界。当前，课堂教学的主要问题是对学生个体完整性的漠视：以分数衡量学生，这是对学生全面发展的漠视；将学生封闭在课堂的有限空间中，致使他们"两耳不闻窗外事"，这是对学生完整生活的漠视；以外在强迫、单纯预设、单向灌输的方式进行教学，这是对学生完整人格的漠视。学生的完整性被割裂或被压抑，他们成了被外在学习任务控制的机器，感受不到内在的求知的好奇和学习的快乐。

课堂教学是学生在教师的引导下自主地探索未知世界的过程，充满了不确定性。教师在教学中要多关注学生的情感状态，营造开放、包容的课堂氛围，减轻对学生深层心理活动的束缚，让学生的自然性和自发性得到最大的保护，从而激发他们学习的主动性和创造性。当学生以积极的情感、进取的态度、昂扬自信的生命状态投入到课堂中的时候，课堂就成了一个充满生机的、成就学生个体生命完整的审美空间。

二、教学审美发生在师生的情感交融之中

美学家张世英认为，审美意识是超越主客关系达到与周围事物交融合一境地的一种感受。这种感受是人生命的激荡，当其获得适当的表现和抒发时，人就获得一种满足感，这种满足感就是美的享受。显然，教学的审美旨趣是在关系中得以生发的，其关键是人在关系中的存在状态和心理感受。因此，决定课堂教学审美化实现程度的关键是看人在课堂中的存在是否得到呵护，以及学生本体与外在的关系是否和谐统一。

课堂教学中的审美缺失表现为在教学中看不见人的存在。例如，教师在教学内容选择的时候单纯以教学目标为导向，忽视学生的差异；教师在教学设计的思路上仅以自身视角考虑教学程序如何

推进，而不是以促进学生学习为导向；教师在教学中以知识的大容量和高密度塞满课堂，追求"高效教学"，以任务式、指令性的方式对待学生，忽略了人的主体性价值的激发。课堂教学场域中"人的存在"的样态主要取决于三个方面：一是人是否在现场，即教学的设计和实施是否围绕人的需要进行；二是学生的学习是否自由，即学生是否有独立思考的空间、选择的能力和选择的机会；三是教学场域是否开放，即学生是否依托学习共同体充分交换信息，共享学习资源，进行交流互动，让课堂与学生的生活世界紧密相连。

学生是成长中的生命体，他们面对的理应是一个丰富多彩的世界。自 20 世纪后期，尤其是哈贝马斯提出主体间性的交往理论之后，教学要形成师生各为主体的"对话"关系成为一种相对普遍的认识。教学过程不再是在单一本体和客体之间的两极摆动，而是教师和学生以共同的客体为中介的交往过程，它生成的是多重主体间关系，包括师生间的主体间关系、教师间的主体间关系、学生间的主体间关系，以及教师和学生作为客体的文本的创造者（即解释者和文本的作者）之间的隐性主体间关系。如果这种关系不能通过交往的方式加以维护，教学中的审美感受就会遭到阻隔，因为"美"就诞生于情感交往之中，而"审美"正是对这一交往的感性体验与理性思辨。只有在这一过程中，知识、技能与价值观才能得到最为恰当的传递，课堂中师生的整体状态也才能发挥到最佳。例如，南菁高中建构了审美课堂，其意义在于引导课堂教学设计和实施的审美取向，即将美和审美看作课堂教学本身蕴含的内在属性，让课堂教学的各个环节充满美感以涵养师生的生命；将以"审美"为核心与表现形式的情感交往，看成课堂教学的基本要求，而与其相伴随的知识、技能与价值观的传递和生成作为其目标指向。

三、立德树人是课堂教学审美的价值旨归

朱光潜先生在《乐的精神与礼的精神》一文中认为，礼和乐是中国传统儒家思想的基础，"乐的精神在和谐，礼的精神在秩序"，"乐是礼的内在性"，没有乐，礼就变成了没有灵魂的躯壳。以传统文化之精神审视当下，现在的教学工作过多地强调对学生的控制，对程序的严格设计，对教学内容和目标的"定型化"，这些实际上是"礼"的过度张扬而忽略了"乐"。在教学中要追求"乐"的境界，不仅要在路径上"从定型化走向情境化"，而且要追求教学的内在价值，关注学生发展的内在和谐，让教学充满审美的情趣。反观近年来各种层出不穷的教学模式，虽令人眼花缭乱，但理性审视课堂教学的真正价值，仍然没有走出教学的工具价值樊篱，人之"乐"没有受到应有的关注，课堂的价值理性式微。而以"审美"为核心与表现形式的审美课堂，将情感交往和价值培育作为本质内涵，体现了在课程改革理念的指导下，在课堂教学目标的确立、内容的编制以及教学方法、手段、模式等方面变革的审美价值取向。

随着教学研究从注重知识传承转向全面育人，课堂教学被赋予了强化课程意识、培养学生关键能力与学科素养、落实社会主义核心价值观的育人使命。而其实现在于创建融具体情境、学科内容、学科任务、教学活动为一体的开放式、对话式、情境式课堂，也就是审美课堂。构建审美课堂需要师生共同把握将学科核心素养落实为课堂活动与校园生活的路径和方法，倡导学习方式由封闭式、接

受式、输入式、讲解式转向开放式、体验式、发现式、合作式（即非认知式）；需要深入整合学科与课程，让审美素养渗透至不同学科的课程之中，在校园、课堂、教师、学生之间形成一种情感互动的美学关联；需要营造充满美学精神的教学文化，以促进学生学习为教学导向，激发学生内在的生命活力；需要课堂教学强化课程意识和育人意识，从注重知识传承转向全面育人，培养学生关键能力与学科素养；需要创设促进教与学转化的教学情境，充分体现教与学的统一、目的与过程的统一、价值与方法的统一、科学与艺术的统一。

人的审美存在是人在教育生活中的理想状态，建立在教学对人存在的最大尊重上，强调人内在价值的充分激发和人生命活力的充分释放。关注教学场域中人的审美存在，其实质是强调人的充分发展是教学的最高追求，要维护人在教学中的尊严、权利、自由和价值，把人置于教学生活的中心。课堂教学要回归到人的发展这一根本目的上来，充分满足人在教学生活中的精神需要和价值实现，充分彰显教学关注个性、提倡自主、回归人性的意蕴，体现教学为了人、发展人、关注人、成就人的审美价值追求。

让人在教育中以审美的姿态存在着，实现教与学关系的转变，这是深化教学改革的要义，也是实现学科育人功能、促进人的全面发展的需要。历史教学之所以需要审美，是因为教育具有美善性。一切教学内容都要服务于美好人性的培育，服务于人类美善心灵的塑造。事实上，人们只有对真理、正义、自由和解放的无限渴望被真正激发，才能不断走向自由的境界。

第二节　历史教学审美的学科视角

人类历史本体之美赋予了历史学科丰富的审美内涵，历史教学要充分挖掘历史学科内在的美，以审美的视角理解历史内容，进而让学生理解历史真善美的价值。

一、历史发展规律的审美认知

历史学科核心素养明确要求，唯物史观是认识历史价值的基石和根本方法，马克思主义唯物史观的基本价值立场本身就是历史研究的价值基础和基本遵循。正是按照马克思主义唯物史观的基本理论方法，我们获得了对历史前进方向的认识。事实上，也只有马克思主义唯物史观才能深刻认识生产力和生产关系在互动中推动历史前进的深层逻辑。马克思主义唯物史观使我们透过现象看本质，对历史发展进行正确理解和解释。从历史发展规律的审美认知视角来看，历史教学审美体现为在大历史格局中把握人类历史的前进方向，洞见历史的规律性、方向性、发展性和价值性。高中历史学科核心素养是历史教育价值取向和历史教学过程取向的结合，历史教学审美需要沿着这两个方向对教学进行审美重构，以彰显历史学科的价值理性和历史教学过程的审美性。如前所述，人类历史本体就是人类不断追求自由和解放的实践历程。在这一过程中人不断改进生产工具，提高物质生产能力，优化社会治理，推动社会在矛盾运动中向前发展。《普通高中历史课程标准(2017 年版 2020 年修订)》特别强调马克思主义唯物史观是历史学科课程的根本遵循，就是因为唯物史观以强大的真理性对历史进行解释和预测，真正解决历史认识的总体性、整体性和必然性的问题。马克思主义唯物史观充分体现了人类历史进程的审美特质，以强大的科学性与解释力阐释了人类社会的发展动力和发展趋势，即一定时期人类社会的发展建立在物质生产方式的基础上，经济基础决定上层建筑，表面上看似孤立的历史事件和繁杂的历史现象背后存在着历史发展的规律。历史蕴含着人类的价值理想，生生不息的社会生产实践是人类不断追求自由和解放的活动。若要正确认识历史，就要以审美取向把握历史发展的方向，看到人类社会形态更替、社会主义取代资本主义的历史必然性。

例如，统编高中历史教材选择性必修2《经济与社会生活》的教学就要以唯物史观为指导，透过历史发展的不同阶段，理解古今中外人类在经济与社会生活方面取得的成就，理解人类通过生产劳动创造美好生活的历史进程。教师应让学生在学习中透过中国经济与社会生活的发展，认识到社会主义制度的优越性，涵养学生的家国情怀。该教材内容的选择充分体现了时代特征，突出了中国在人工智能、杂交水稻、高铁、"玉兔"号月球车、"蛟龙"号载人深海潜水器、城市化、中西医等方面取得的成就。学生学完整本教材以后，可以深刻地领略到科学技术是第一生产力、经济对人类社会的巨大影响、新中国建设成就的辉煌……学习这些内容不仅有利于学生正确认识我们伟大的祖国，增强民族自豪感和责任感，真正起到历史学科"铸魂固基"的作用，[1] 而且能

---

① 杨共乐：《唯物史观是认识历史的根本遵循——统编高中选择性必修2〈经济与社会生活〉编写思路与内容解释》，载《课程·教材·教法》，2020(10)。

帮助学生深刻理解中共百年党史的价值要义和审美取向，使学生在美学的视野下理解中国历史发展大势。只有认识到人类历史本体的美学向度，学生才能从历史学习中看到历史大势，顺应时代潮流，懂得责任担当，以崇高的历史责任感理解学习历史的价值，将自己置于历史发展的时代洪流中思考自身价值，自觉成为推动历史前进的时代新人。

二、历史学科内容的审美理解

历史教学审美体现为从历史本体之美建构历史解释，以审美的视角理解课程教材内容。历史存在的审美性是满足学生审美需要的前提，是通过历史学习塑造青年学生世界观、人生观和价值观的内在依据。需要是人类一切活动的内驱力或动机；学习是人与世界的交往过程，是满足人全面发展需要的活动。按照马斯洛的需要层次理论，人的自我实现需要细分为三个层次：认知需要、审美需要、自我创造需要，其中审美需要是联结认知需要与自我创造需要的桥梁，包含社会性需要、精神性需要和发展性需要，这些需要引领人不断向更高阶段前进。在学习历史的过程中，客观的历史就成为学生学习活动的对象化存在，人与历史之间的互动就构成了需要与被需要的关系，审美也就在人与历史的对象化认识活动中发生了。在人与历史的互动中，人的审美需要不断对人的审美能力提出更高的要求，历史中真善美的价值也会不断地提升人的审美能力，二者在往复互动中不断获得新的发展，人的审美人格在这一过程中不断得到完善。进而言之，审美主体与客体实现价值统一的根本方式是含纳主客体的机制特征发生互动互补与协同增益情形的审美实践。① 这

---

① 丁峻、崔宁：《审美间体研究——主客价值创生—双向体验观》，83 页，北京，中国社会科学出版社，2016。

一机制要求学生在利用教材建构历史理解的时候必须遵循主体性原则，充分认识到国家统编教材的编写意图，不断提升历史审美能力。

统编高中历史教材《中外历史纲要（上）》中国古代史部分凸显了"统一多民族国家的建立与巩固"这一核心主题。教材前四个单元完整地呈现了"从中华文明起源到秦汉统一多民族封建国家的建立与巩固、三国两晋南北朝民族交融与隋唐统一多民族封建国家的发展、辽宋夏金元多民族政权的并立与元朝的统一、明清中国版图的奠定与面临的挑战"的发展过程。在这个过程中，统一多民族国家的巩固和发展是历史主线，也是价值主题。在教学中必须凸显这一主题，让学生认识到统一多民族国家的建立、发展、巩固是中华民族的最高利益，是各族人民在历史中相互交流和交融形成的国家形态。推动统一多民族国家发展，实现国家统一，是新时代实现中华民族伟大复兴的现实需要，理应成为每一个青年内心深处的情感需要。在教学中，教师要让学生通过学习认识到中华民族的历史是多元一体、文化凝聚、民族交融的发展过程，认识到各个民族创造了辉煌灿烂的中华文化，从而自觉维护统一多民族国家的利益。在"维护国家统一"这一大的主题中，历史教学审美还体现在以大历史视野洞察历史，彰显历史的宏大崇高之美，透过历史的迷雾，从长时段大趋势看历史，让历史合目的性与合规律性的发展特征更加凸显。统编高中历史教材突出新"四史"的内容，开展新"四史"教育是培根铸魂的需要，也是青少年提升理性认识，涵养家国情怀的需要。学生通过学习中国共产党党史、新中国史、改革开放史和社会主义发展史，增强对中国共产党和社会主义制度的理性认同，激发为中华民族伟大复兴而努力学习的审美需要，培养明辨是非、坚定信念、自强不息、热爱祖国、胸怀天下的审美人格。

三、历史学习过程的审美体验

学生学习的过程是把整个生命投射到学习对象上并与之产生深层互动的过程。教学审美的发生需要将教学过程转换为人的审美意识的形成过程，通过使学生以主体身份"走进"历史深处，促进学生与过去特定场域发生深刻关联，进而达到真正理解历史的目的。从人类心理能力构成来看，审美意识主要可以分为科学审美意识、艺术审美意识、道德审美意识三个层次。科学审美意识作用于史料实证的过程之中，通过考古发掘的历史文物考证，探寻历史之真，理解古人的审美追求；艺术审美意识要求运用唯物史观理解特定时代人类的社会生产和社会观念，把握特定时代的政治、经济、文化之间的复杂互动；道德审美意识规约着历史之善，以德性的标准审视历史现象，提升人的审美境界。因此，历史教学审美的发生需要将学生引入历史研究与体验的情境之中，使其运用时空观念让自己融入特定的时代背景以"神入"历史，在身心一体的深度体验中理解历史。教学理论中的美学向度通过对教学之美的本质性探索、对教学审美要素的分析等研究，在发现教学美的规律的同时彰显了师生的主体性、能动性、情感性。①通俗地讲，历史教学审美化需要以情感为纽带，以情境创设为手段，"身体之、心悟之"，挖掘学科之美，塑造过程之美，注入文化之美，彰显主体之美，在教学活动中充分体现美的全过程渗透，营造学生成长的美学世界。

---

① 刘锦诺、杨丽：《我国 70 年来教学理论中的美学向度研究》，载《课程·教材·教法》，2019(9)。

　　在教学实践中，开展研学旅行、红色基地考察、考古探究等学习活动无疑是学生具身学习与体验的重要形式。在这样的学习中，学生将书本知识与历史现场情境体验结合起来去理解和解释历史，从审美体验走向审美创造。历史教学实践要基于课程教学理论对历史学科内容进行转化，让历史教学成为师生认识历史存在之美、感受历史精神之美、创造学习生态之美的过程。例如，在历史教学中师生开展"历史故事编写""历史剧的创作与表演""口述史的撰写""为教材中的历史人物写传记"等教学活动，将真善美的历史价值追求融入历史学科活动中。通过合理想象和审美建构，营造历史教学的美学意境，是历史教学进行审美创造的生动实践。审美创造基于审美想象来实现，审美想象是在感性经验、具身体验的基础上拓展出的新的意蕴、构筑出新的意象，最终目的在于创造出富有个性化、创新性的审美意象，在教学中实现审美体验与审美创造的统一。

第三节　历史教学审美的实践维度

　　历史教育的根本任务是立德树人，通过历史课程教材的学习，"使学生能够从历史的角度关心国家的命运，关注世界的发展，成为德智体美劳全面发展的社会主义建设者和接班人"[①]。立德树人视域下的历史教育要从历史学科的本质出发，充分理解高中历史统编教材

---

　　① 　中华人民共和国教育部：《普通高中历史课程标准（2017 年版 2020 年修订）》，2 页，北京，人民教育出版社，2020。

的内容与价值，运用历史学的理论与方法探求历史真相、理解历史逻辑、开创历史学科育人的新境界。历史学科的本质是求真，而历史之真包含着历史之善，更彰显出历史之美。人类历史不断向前发展的动力，正是人类对真善美的追求。因此，历史教育要真正实现学科育人价值，审美是重要维度。以教学审美敞现历史本体之美，营造教学情境之美，彰显生命意象之美是深化历史课程教学改革的重要方向，是充分彰显历史教育培根铸魂功能、落实社会主义核心价值观培育、实现立德树人根本任务的重要途径。

历史教学审美的实践路向建立在历史本体之美的基础上，在求真、向善、唯美的历史认识中体现教学过程之美和历史教育的成人之美。审美视野下的历史教学充分体现了学生学习历史的主动性和主体性，还原了历史学习过程的实证性和具身性，挖掘了历史进程本身的规律性和价值性。正如赵伶俐教授提出的，教学审美化具体包含着三大转化，一是将教学的各个因素转化成对于学生来说是具有审美品质或审美价值的对象，二是将教学过程转化成对于教师和学生来说都是审美欣赏、审美表现与审美创造的活动，三是将原传统的生硬呆板的教学关系转化为师生互为欣赏、师生共同欣赏、实现和创造教学(因素、过程、结果)美的审美关系。① 统编高中历史教材具有鲜明的审美特质和育人导向，历史教育者应充分发掘其育人价值，从历史发展规律的审美认知、历史学科内容的审美理解、历史教学过程的审美体验三个维度建构历史教学审美的实践路向。

① 赵伶俐：《审美化教学论》，载《西南师范大学学报(人文社会科学版)》，2000(9)。

历史学的美学意蕴在于人以其价值预设来审视历史，客观的历史进入人的研究视野后，人类对历史的认识无不寄托着自身对美好未来的希冀。因此，历史总是以价值导引人类，彰显着真善美的力量。历史教学的美学旨趣在于培养健全人格，完善人的精神品性，让人类走向崇高和完美。这一目标的实现需要充分挖掘历史学科的审美价值，营造历史教学的审美空间，提升学生的审美境界，让学生获得丰富的审美体验，以美学精神提升历史教学品质，让历史教学走向美学境界。

历史学以客观发生的历史为研究对象，但哪些历史进入研究的视野，在研究中选取哪些史料，运用哪些研究方法，又总是受人类价值预设的牵引。正如有的学者所论："作为人类社会发展一般规律的科学，历史记录的是发展大势，是历史规律的探索和确证，而非碎片化的个人经历和记忆。所谓历史大势是指，有核心人物或人群引领、广大民众参与的重大社会活动，以及由这些活动所作用的人类社会发展进程。"①我们回忆这些核心人物、重大活动、伟大进程，是想从历史中汲取智慧、受到启迪、获得指引。因此，历史研究的起点正是人类对真善美的渴求和对美好未来的期待。在这里，历史研究的目的与教育的本质因价值美学发生了关联，实现了统一。

教育的终极目标是培养完整的人，让学生在探究未来中感受到学习的快乐和生命的美好。但如果学生感受不到求知的欲望和探求的乐趣，缺少主动学习的动力，历史学科本身的育人价值就无法得

---

① 张江：《评"人人都是他自己的历史学家"——简论相对主义的历史阐释》，载《历史研究》，2017(1)。

到真正的发挥。因此，历史教学需要唤醒人的生命活力，让学生获得丰富的审美体验，以审美精神审视人类历史，获得让人类更好地走向未来的价值引领，以美学精神改造历史教学，让历史教学走向美学境界。

一、在人类发展进程的意义追问中体悟历史之美

人类社会发展的历史进程总是伴随着明确的目的，展现出蓬勃的生机与活力。"黑格尔的美是生命活力的命题，认为自然美是生物机体中显现出的内在生命活力的表征。"①这强调了人在生存的自然和社会环境中的主体地位和主观能动性。人类总是在特定的自然时空环境中创造着社会时空，自然之美和社会之美交相辉映。历史画卷苍茫浩瀚，历史气象伟岸神奇，人类改造自然、推动历史前进的实践蕴含着历史雄壮之美；沧海桑田的变迁中，劳动人民决定着历史的真正方向，历史发展如长江之水浩浩向前，不可阻挡，呈现出自然之美与力量之美。② 人类通过生产实践活动改变了自然，在自然界中有了人的力量和人的精神。人和自然实现了主客体的和谐统一，二者相契合而产生了丰富的审美意象。

具体到哪些历史进入我们的研究视野，让我们追忆久远的过去，其中牵引着我们的正是人类的审美意识，即我们如何看待过去，如何走向未来。历史学科中的美不是外在的赋予，而是人对其本质的深刻把握和对客观世界的感受。"夫美不自美，因人而彰"，自然的美需要人去发现，是人的意识的产物，属于人的审美体验。

---

① 袁世硕：《并非心说：美是生命活力的表征》，载《文史哲》，2016(3)。
② 马维林：《论历史教学中学生的审美意识培育》，载《当代教育与文化》，2016(1)。

但人不会天生就有感知客观世界的能力，人对客观世界的审美体验也不会是一种照镜子式的反应，人对客观世界的感受是人对客观世界的再创造。历史学科对历史的研究过程就是人对客观历史的再认识过程，这种再认识不能完全将历史复活，但却创造了新的历史，即人对客观历史的再现实质上是人带着自身的主观目的对历史有选择地进行认识的过程。其宗旨是洞察人类历史的演变，以面向未来为方向，以真善美为价值判断标准，获得历史的智慧，创造一个更美好的未来世界。

二、在历史理解的多维连接中营造审美空间

高中历史的课程目标是培养学生的历史学科核心素养，包括唯物史观、时空观念、史料实证、历史解释和家国情怀。这五个方面相互联系，互相连接，是正确认识历史的重要素养。其中，历史理解对正确认识历史意义重大，只有真正实现了对历史的全面理解，才能进行历史解释并形成基于责任和价值追求的家国情怀。真正实现历史理解，需要探寻历史的本质规律，把握历史的本质。梁启超曾经说过："史者何？记述人类社会赓续活动之体相，校其总成绩，求得其因果关系，以为现代一般人活动之资鉴者也。"[①]历史理解需要在审美的意义空间中得以实现。马克思认为，人类对于客观世界的改造是依照美的规律来进行的，寄托着人类对美的追求。而人的审美观念又是在生产劳动和生活实践中逐渐产生和形成的。可以说，美是推动人类从事各种创造性活动的巨大力量。在对美的欣赏中，主体通过感受、理

---

① 梁启超：《中国历史研究法》，5 页，上海，上海人民出版社，2014。

解、想象和情感体验等活动，对客体形象进行再创造，形成自己头脑中的形象，人类历史本身所展现的就是人类在对美的追求中不断摆脱野蛮和愚昧，走向文明和进步的进程。

历史理解需要营造审美的课堂空间。课堂空间的审美特性是由教学内容的审美意义和教学过程的充分审美化来实现的。传统课堂教学的最大缺陷是遮蔽了教学的育人价值，使得历史学科的人文化育功能被应试功能所取代，师生生活在工具性过度彰显的教学场域中。因此，课堂审美空间的营造首先是学科育人价值的充分实现，让学生在生生不息的历史进程中充分体悟人类对真善美的追求，从纷繁复杂的历史现象中把握历史的规律，顺应历史的潮流，从而加速历史前进的步伐。营造审美的课堂空间，需要进行历史学科核心素养的培育，转变教学方式，让课堂成为学生主动探究、情感升华的空间。让学生走进历史情境之中，使历史与现实进行充分互动，尊重学生在学习中的权利，让每个学生以独立的姿态面向未知的世界。在历史教学中，教师要以崇高、解放、自由、价值进行立意，以创造未来为宗旨，引导学生从文化与情趣的健康而有价值的视角去审视生活，去创造生活，营造一个个审美的意义空间。

三、在回归生活的教学设计中提升学生审美境界

传统历史教学过多地强调历史的政治教化功能，远离人的生活世界，把生机勃勃的历史变成了干瘪的木乃伊。当历史教学在理论上逐渐脱离了对于人的生活现实的直接关注和阐释兴趣，持续强化着以概念把握、理论思辨为基本形态的知识体系建构时，其也就失去了应有的生机与活力。因此，历史教学必须回归生活，引领生活，超越生

活。强调生活意义的审美实现，就在于持守"与天地万物上下同流"的人生态度，进而成就物我相通、与天地和的最高人生境界，历史正是在这个意义上实现了对生活的回归和对现实的超越。"全部科学、全部历史文化，尤其是精心构建和名副其实的历史文化，都同维护并扩展人类社会的积极的文明生活的普遍需求相联系。"①历史教学对生活世界的回归体现在能否在对人类历史进程的审视中敏锐地发现生命本体的困顿与希望，通过历史内容的审美化开掘对人的生活进行引导、指引生活意义的寻求方式与方向，让人以审美的方式存在于教育生活之中。关注历史教学中人的审美存在的实质，是强调历史学科价值的最大彰显。一方面，教师要充分挖掘历史学科的人文价值，将优秀文化精神融入学生的生命感悟之中，从而让教育肩负起培养高尚人格的使命；另一方面，历史教学对生活的回归特别强调对学生生命主体性的尊重，维护人在教学中的尊严、权利、自由和价值，把人置于教学生活的中心。这需要让学生在真实的教学情境中体悟学习的价值，使教育在历史与现实中保持对话的张力，引领学生真正理解人类历史进程中的核心价值。

历史研究者对历史的认识何以上升到审美的境界，或者说历史教学如何在回归生活世界中体现审美追求？我们以海德格尔描述凡·高绘画的《农鞋》的文字为例证：

　　从鞋具磨损的内部那黑洞洞的敞口中，凝聚着劳动步履的艰

---

① ［意］克罗齐：《作为思想和行动的历史》，6 页，北京，中国社会科学出版社，2005。

辛。这硬邦邦、沉甸甸的破旧农鞋里，聚积着那寒风陡峭中迈动在一望无际的永远单调的田垄上的步履的坚韧和滞缓。鞋皮上沾着湿润而肥沃的泥土。暮色降临，这双鞋底在田野小径上踽踽而行……这器具浸透着对面包的稳定性的无怨无艾的焦虑，以及那战胜了贫困的无言的喜悦，隐含着分娩阵痛时的哆嗦，死亡逼近时的战栗。①

对于如何培养学生的审美旨趣，海德格尔的描述无疑具有重要的意义，他告诉我们如何通过历史现象去发现生活的意义，如何通过生活实现对人生方向的引领。其实，在人类文明发展的过程中，无论是石器、木制工具、青铜器和铁器的漫长演变，还是耒耜、耦犁和曲辕犁的造型变迁，抑或是出土文物中常见的谷仓、灶台、瓦当等生活化场景，都是过往历史的凝练。"只有对世间生活怀有热情和肯定，并希望这种生活继续延续和保存，才可以使其艺术对现实的一切怀有极大兴趣去描绘、去欣赏、去表现……"②生活的场景透过历史表征，呈现于学生面前，可以极大地唤醒他们内心深处对审美的追求和对生活的热爱。

人类生活在一个命运休戚与共的共同体之中，历史教学回归生活还必须关照人类共同的未来生活，关注可持续发展，建立一个相互理解、求同存异、共同发展的未来世界。人类过去和现在饱受战火之苦，其根源在于对私利的过分追求和不同文明之间的冲突。只要弱肉

① ［德］海德格尔：《海德格尔选集（上册）》，254 页，上海，上海三联书店，1996。

② 李泽厚：《美的历程》，81 页，北京，生活·读书·新知三联书店，2009。

强食和霸权主义的逻辑不能得到有效遏制，就无法保证人类拥有一个更美好的未来。当前国际冲突不断，地区矛盾升级，大国插手地区事务。其中既有本地区利益之争、民族矛盾激化的原因，也有大国利益博弈的影响。因此，历史教学需要透过历史现象叩问历史本质，以人类共同价值和可持续发展理念对历史事件进行价值判断，形成价值共识。理解和解决人类未来发展问题，需要挖掘中华优秀传统文化的精髓，在人类未来生活的建设中，弘扬"己所不欲，勿施于人"和"天人合一"的理念，尊重多样文化，倡导和平共处，从而让人类的心灵秩序美善化，使历史教学可以观照人类未来的美好生活。

第四节 历史教学审美的机制

历史教学审美是在历史认知主体与对象化世界之间基于真善美价值展开对话的交往机制中实现的，这种机制是基于教材文本解读培养学生学科核心素养的过程。换言之，历史教学审美的机制主要包括主客体的互动机制、感性与理性的平衡机制和历史与现实的映照机制。

一、主客体的互动机制

历史学科育人的实现建立在历史学科内容所营造的审美世界与人内在的精神世界相互作用的基础上。教学审美依赖审美主体与审美客体之间因复杂互动、相互激荡而形成的契通机制，这是审美主体与审美对象（历史）相互作用而生成高级审美意象的过程。在教学中，主体审美价值的形成、充实、完善、体验和实现过程是与客体审美价值的形成、充实、完善、体验和实现过程同步进行的。这一过程既需要审美主体具备一定的审美能力，也需要审美客体不断敞现其审美价值。这可以通过创设教学情境以开展教学活动，让二者充分互动。一方面，师生通过基于历史本体之美的体认，认识到历史是真善美的统一；另一方面，师生在对历史内容的审美认识与体验中实现了自身情感与价值的升华，具有了更高层次的审美意识和能力，反过来赋予了历史理解与解释新的内涵。当学生以宏大的历史视野审视人类历史的时候，人类历史进程所彰显的价值就进入了学生的审美视野之中。人类历史生生不息地向前发展，历经山崩、海啸、火灾、地震、瘟疫、战争而依然如此，不断从低级走向高级，从野蛮走向文明进步，这背后的决定力量正是人类追求更美好未来的信念。只有在整个人类发展的长河中，才能透视出历史运动的本质和时代发展的方向。人类正是通过不断摆脱来自外部和内部的束缚，不断进行面对自然和自我的抗争，不断走向基于物质和心灵的解放，从而拥有更多的自由。这种追求自由和解放的理想信念和社会实践活动必须要以美善为法则，实现合目的性与合规律性的统一。学生在历史的宏大进程中领略到了历史发展的审美意象，历史学习因而变成了探寻历史之美的旅程。这样的历史教学，将学习内容真正转化成了审美对象，将教学过程真正转化成了以学生为主体的师生协同发现美、感悟美、创造美的过程。如此，主客体互动的过程既实现了历史价值的审美理解，也实现了历史之美对人的审美改造，从而提升了人的精神境界，实现了历史学科育人的审美超越。

二、感性与理性的平衡机制

历史蕴含着人类的感性与理性，认识历史同样需要感性与理性的共同参与。人类历史发展的过程本身就是感性与理性相互作用、相互推动的结果，在这一过程中，人类自身的感性与理性也得到了发展。应试思维下的传统教学单纯强调知识的确定性、逻辑性和思维的严谨性，忽略了知识内涵的价值性、情感性和道德性。具身认知的中心观点认为，心智是一种身体经验。认知、思维、记忆、学习、情感和态度等是身体作用于环境的活动塑造出来的。① 学科育人的本质是充分发挥知识的育人功能，培养学生感性与理性和谐发展。历史课程教学作为立德树人的重要途径，要充分利用历史教材渗透的道德、情感、信念、意志、伦理等主观的人的精神情感因素，让学生以审美的意识审视世界，形成正确的审美价值观。美学家鲍姆加登将美学作为补充理性的感性之学，认为完整的人不仅靠理性存在，更要有灿烂的感性，人的完整性体现为理性与感性的统一。学习过程的审美体验需要感性的参与，又不断激活更高层次的感性。情感从最初的认知中逐渐分离出来，又反过来促进认知的发展，从而激发创造力，进入下一轮新高度的认知和能力提升。历史教学审美需要建立感性与理性的平衡机制，一方面坚持实事求是的求真精神，在具体时空观念下进行历史解释，论从史出，有一分史料说一分话；另一方面关注历史中的人的主观情感、时代的价值信念、审美追求与文化信仰，全面把握构成历史的主观与客观、感性与理性因素。统编高中历史教材中有大量的艺术图像，它们以形象生动的视觉效果表达历史真实，有助于激活学生的感性认识。历史教学要从发挥历史学科的育人价值出发，帮助学生

---

① 郑兰、李政涛：《身体表达素养的教育意蕴及其培养路径》，载《教育学术月刊》，2021(10)。

把握历史大势，认清历史方向，让学生形成积极进取、勇于担当的责任感和使命感。教师应充分利用统编高中历史教材开展大主题、大单元、大概念教学，让历史教学承载起培养学生家国情怀的使命。家国情怀本身就是感性与理性的统一，"对国家所在的地理、历史、艺术等文化的审美体验是公民情感的重要基础"①。历史学科育人的实现，仅仅靠理性的知识教化是不够的，还需要使学生在丰富的具身体验当中增强对国家民族文化的认同，从而在内心深处激荡起热爱国家的高尚情感。

三、历史与现实的映照机制

历史与现实始终相互映照并散发出智慧的光芒。历史文化传统总是会影响现在和未来并以不同的样态存活在现实当中，因此，研究过去是为了更好地理解现在。历史教学要以审美的视野在历史与现实之间架起一道桥梁，在历史中寻找智慧，让历史与现实相互映照。例如，统编高中历史教材选择性必修1《国家制度与社会治理》的内容编排，鲜明地体现了历史与现实之间的联结。教材从"中国古代政治制度的形成与发展"讲到"中国近代至当代政治制度的演变"，从"中国古代的法治与教化"讲到"当代中国的法治与精神文明建设"。对于这部分内容的教学，教师应注意加强古今联系和相互比较，使学生懂得只有做到既重视继承历史传统又不断开拓创新，以发展的眼光对待国家制度与社会治理，才能为今天的治国理政服务。又如，统编高中历史教材选择性必修3《文化交流与传播》中"源远流长的中华文化"单元的

---

① 郑富兴：《公民教育的审美之维》，载《教育学报》，2019(1)。

内容安排，古今贯通，体现出深沉的现实文化关怀。教材从"中华优秀传统文化的内涵与特点"讲到"中华文化的世界意义"。通过这部分内容的教学，学生既理解了中华优秀传统文化的丰富内涵，又认识到中华优秀传统文化对未来世界的永恒价值，从而树立中华文化自信。梁启超在探讨历史的意义时说："史家目的，在使国民察知现代之生活与过去未来之生活息息相关，而因以增加生活之兴味，睹遗产之丰厚，则欢喜而自壮；念先民辛勤未竟之业，则矍然思所以继志述事而不敢自暇逸；观其失败之迹与夫恶因恶果之递嬗，则知耻知惧。"①梁启超所言深刻地揭示了历史对现实的审美价值导向。中华民族自强不息的民族精神、天人合一的哲学理念、天下为公的博大胸怀、"己所不欲，勿施于人"的处世准则，都闪烁着真善美的光辉，是实现中华民族伟大复兴和建设人类命运共同体的宝贵精神财富。

今天，世界和平仍面临巨大挑战，环境问题和可持续发展问题形势依然严峻……历史教育要担负起培养社会主义建设者和接班人的使命，就必须树立高度的育人自觉，让中华文化蕴含的真理和智慧不断传承、赓续，让历史中的真善美价值润泽青少年的美好心灵。

---

① 梁启超：《中国历史研究法》，7页，上海，上海人民出版社，2014。

专题三　历史教学中审美意识的培育

　　审美意识是历史学科素养的体现，作用于历史认识的全过程，决定着历史认识的方向。历史学科审美价值的实现过程正是历史教育对人的价值引领过程。审美意识的培育是对历史学习者史学理论素养和历史学科能力要求的重要体现，它关系到历史教育审美价值的实现程度，是历史教育的本质要求。在历史教学中培养学生的审美意识，应通过挖掘历史学科内容的审美价值内涵，让学生在与历史的对话中获得历史美感；探索历史学科美育课程的综合开发，让学生在丰富的课程实践中增强审美能力；深度变革课堂教学生态，让学生在主题探究中丰富审美体验；重视历史教学中的价值引领，让学生在对人生意义的探寻中提升审美追求。

第一节　历史教学中的审美意识

　　审美意识是审美价值观念的表现形态，在审美活动中，它主要发挥着意义规范和价值评判的重要功能。历史学科的教学内容属于人文社会科学范畴，培育学生的精神世界，对学生的人生进行价值引领是历史学科教育的重要价值所在。历史学科教育审美价值的实现过程正是历史教育对人的价值引领过程。因此，在高中历史教学中应重视对学生进行审美意识培育，从而更好地发挥历史教育的审美价值功能。

　　审美意识主要是指在审美活动中涉及的审美选择、判断、评价的观念意识。个体的审美意识是其世界观、人生观、价值观的有机组成部分之一，是其人生志趣与社会理想在审美方面的体现。① 可见，审美意识与历史学科素养的内在要求是一致的，既有历史学科的能力素养，又包含历史教育的价值追求，是历史教育中工具理性和价值理性的统一。

一、审美意识是历史学科能力的重要体现

　　近代以来，古典教育中关注人自身完善的人文性传统被逐渐淡化，历史教学过于重视知识传授和应试能力的形成，使历史教育背离了其原初的本质，人的整体性、全面性和价值性的发展方向被遮蔽。当代学生出现的人文素质偏低、艺术素养不高、重理轻文、高分低能

---

　　① 杜卫：《论审美素养及其培养》，载《教育研究》，2013(11)。

等现象，尤其是基础教育忽视人文素养培育的现象，不利于人的全面发展和国民素质的提升。正如席勒所说："在现时代，欲求占了统治地位，把堕落了的人性置于它的专制桎梏之下。利益成了时代的伟大偶像，一切力量都要服侍它，一切天才都要拜倒在它的脚下。"①人类所面临的价值和信仰危机需要历史教育予以弥合、规引，进而引领人走向充满意义与价值的自我完善之途。价值性是教育的本质属性，历史学科有着丰富的人文内涵和价值资源，应发挥历史的鉴戒功能，挖掘人类在生生不息的发展历程中所展现出的人性之美，以警示人不断加强自身的完善和建设，进而影响整个民族精神的培育，这是历史教育的使命。

历史学科能力素养不仅包括基本的认知能力，而且包括批判、反思、建构等综合能力，要求学生掌握历史唯物主义的基本原理，树立历史的时空观，掌握"论从史出""具体问题具体分析""在特定的历史背景下评价历史"等基本的史学研究方法。唯物史观作为基本的历史认识评价视角是学生历史学科能力的重要组成部分。这些能力素养总是和人的主体观念分不开，受人的特定的价值观、人生观、世界观影响，审美意识自觉不自觉地会参与历史研究者的历史认识过程。如统编高中历史教材必修 3 就专门安排了科技文化的专题板块供学生学习，但教师对科技发展所蕴含的价值挖掘得不够，不能从审美的视角认识科技文明，导致科技历史的学习变成了科技历史知识的记忆。科技的成果是人与自然交流的方式，寄托着人类的理想。科学家是带着对未知世界的好奇和对造福人类生活的理想去思考和发现的，其本身

---

① ［德］席勒：《美育书简》，37 页，北京，中国文联出版公司，1984。

就是在审美意识的驱使下去认识自然的。因此，理解科技史的真正价值离不开审美意识的参与，应赋予科技以人文的理解视角，在科技能满足人的需要和实现人对美好生活的追求的思想高度上理解科技文明的历史。

再如，对工业革命历史的认识，同样离不开审美意识。席勒认为，工业革命以来，出现了"美"与"非美"的悖论。所谓"美"，即工业革命带来的物质产品的丰富性和人们生活的便利性与舒适性，人们享受到了更多的物质文明成果；而"非美"则是指在人们享受着丰富的物质文明成果的同时，精神世界却越来越空虚贫乏，陷入低俗、焦虑和不安之中。吉登斯深刻地认识到了工业主义的危机，用他的话说："工业主义魔术般地变出了燃煤与蒸汽动力，伴之以巨大而沉重的机器在污秽不堪的作坊和工厂里叮当作响的景象。"①工业革命在这样一个维度上失去了其在人类征服自然的进程中所具有的至高无上的地位。显然，我们不能怀疑"生产力决定生产关系"这一马克思主义基本原理，承认工业革命对资本主义和整个人类历史进程的巨大推动作用。但对历史的认识往往需要跳出主客体思维的视角，去寻求人与世界的融合，即中国古典哲学所谓的"天人合一"。我们越来越需要以审美的视角去看这个世界，是否有比较健全的审美意识决定着我们认识世界的深度。事实上，"美"与"非美"是对工业革命的辩证认识，体现了审美意识与历史学科能力的统一性。

---

① [英]吉登斯(Giddens，A.)：《现代性的后果》，50页，南京，译林出版社，2011。

二、审美意识作用于历史认识的全过程

历史认识的本质是历史研究者与过去的历史存在(主要是人的存在)进行深刻对话,通过尽可能丰富地占有史料,运用科学的研究方法,经过甄别、分析、批判、理解,更真切地了解客观的过去,带着研究者的价值追求对过去与现在进行深层次的意义建构,获得关于当下和未来的启示。人认识历史的过程体现出人总是与过去之我和未来之我进行永无休止的纠缠,以未完成的状态投身到教育生活中。历史为人类提供了一个宏大的叙事舞台,人类所有的实践活动总是根据自身对世界已有价值的认识,在"此在的世界"中规划着自己的可能性,在"身在何处"的思悟中规划着"走向何方"。

历史学科的特点决定了学生在学习历史的过程中,总是带着一定的主观判断去认识历史,这种认识过程反过来又会对学生的情感态度价值观产生新的影响。一方面,在整个认识历史的过程中,审美意识作为情感态度和价值取向一直在发挥作用。历史研究的对象具有客观性,令我们对历史的认识更接近客观事实。另一方面,历史研究者总是带着主观的目的、情感和态度认识历史,这种特征既有明显的主观意愿,又有潜意识的主观准备。例如,通过研究中国古代社会政治制度得失来为今天的国家治理服务,这就是主观上带着非常明确的目的去研究历史。而更多的时候历史研究者对历史的认识和评价是潜在的历史意识在发挥作用。对价值的判断、对真善美的认识很大程度上就是人的审美意识在发挥作用。比如,"苏格拉底之死"所展现的精神之美、殖民侵略的野蛮与罪恶等都需要我们上升到对"善恶""是非""美丑"的审美高度去认识,如此才能更好地理解历史,获得深刻的启示。

可见，审美意识在历史认识中发挥着重要作用，它决定了历史认识的深刻程度和价值方向，将其引向审美境界，从而赋予历史研究更丰富的解释视角和更深刻的人文关怀。

三、审美意识引领历史认识的价值方向

对价值的认识和引领是历史教学目标的核心和根本。被誉为价值哲学之父的洛采曾提出，世界分为事实、价值和普遍规律三个领域，只有价值是目的，其他皆为手段。历史学习的过程是一个不断地探究历史事实、获得价值引领、探索历史规律的过程，获得价值启示是历史研究的最终目标。在历史研究中，研究者的审美意识表现为审美趣味是否高级、认识历史的立场是否正确、个人的道德理想是否崇高等，这些审美意识倾向决定了学生在历史认识中的发展方向。审美意识作为一种审美观念，是人的政治观、道德观、人生观在审美判断和评价上的体现。[1]

历史教育的价值功能非常丰富，历史教育的本真价值是从中获得对文化和文明的深刻理解以及对自身精神的丰富。历史教育的求真价值和向善价值是教育内在的价值追求，它追求的是外在的事物对于人类所具有的价值导向意义。无论是对历史智慧的总结还是对生命意义的追问，抑或是对人类生存意义的本体思考，都会对今天我们如何生活产生影响。布洛赫曾说过："从本质上看，历史学的对象是人。还是让我们把它称为'人类'吧……优秀的史学家犹如神话中的巨人，他善于捕捉人类的踪迹，人，才是他追寻的目标。"[2]布洛赫的观点直言

---

① 杜卫：《论审美素养及其培养》，载《教育研究》，2014(11)。

② [法]马克·布洛赫：《历史学家的技艺》，23 页，上海，上海社会科学院出版社，1992。

历史的终极价值在于人自身，这就为审美意识提供了历史认识的伦理基础，即人是审美的、追求美的。按照美的方向发展是人类前进的正确方向，也是历史教育应该引领的方向。

第二节　历史教学中审美意识的培育途径

人类历史的发展进程就是人类对美好生活的创造过程，承载着人类的价值追求。历史的展开过程就是人类与历史对话的过程，学生在历史学习中感受历史之美，不断受到美的滋养，提升自身的人格境界。

一、挖掘历史学科的审美价值

在历史认识活动中，人以自己的存在去理解世界的存在和他人的存在。人认识历史、理解过去的存在，总是带着某种意义自觉，赋予历史认识活动以憧憬和希冀。如果承认人对历史的认识活动，包括以实践的方式去认识历史，那这种假设本身就是一种审美存在，一种无限美好的愿景的存在。正是美好的存在或者愿景吸引着人们不断接近历史的真相，在主体的觉悟和省察中与历史进行交往和对话。历史认识者在这一过程中不断地唤醒自身的意义自觉与价值追求，使自身更接近美善的境界，不断超越过去。

席勒认为，美育的特殊作用是通过建构一个情感的审美王国使其成为沟通感性与理性、自然与人文、知识与道德、感性王国与理性王国的中介。历史研究的对象是古今中外的一切人类生活，包括衣食住行、喜怒哀乐、善恶美丑，从而使呈现在人类面前的丰富的历史气象蕴含着巨大的审美价值。这需要我们在历史教学中以审美的眼光去对待历史事实，发现历史中所蕴含的美，引领学生在与历史的对话中感受历史之美。历史研究不仅仅局限于描述某些客观的历史事实，更重要的是理解事实本身，即人类通过自身基于"此在和过往"的交流与对话，有时甚至是思想和精神领域的激烈对抗，获得朝向有意义的、令人向往的目标行动的热情和动力。这种热情和动力本身就是一种美，它在历史的万千气象中孕育，在人类的理性和精神世界中萌生，在指引人类走向未来的道路上获得意义。

人类历史波澜壮阔。面对无生命的自然，人类的实践活动不断地创造着人化的世界，世界由此被打上了深深的人类思想的烙印。都江堰的修筑是造福百姓的智慧工程，京杭大运河展现了贯通南北的恢宏气象，万里长城、兵马俑早已成为民族强大和智慧的象征。这一切都是由劳动人民创造的，都彰显了中国人的创造精神，体现了自然美、社会美和精神美的统一。历史是一个大舞台，人性美丑都在这个舞台上暴露无遗。一方面，孙中山、毛泽东、邓小平等伟大人物在历史舞台上绽放出精神之美和人格之美；另一方面，历史也无情地以美的标准去审丑，军国主义的灭绝人性、汉奸卖国的无耻、日本至今不肯彻底承认战争罪行的虚妄与野蛮等丑恶都让人们更加珍惜美的价值，增加对美的认同。在历史教学中，深入挖掘历史事件或历史人物的审美或审丑价值，能有效培养学生的历史美感，让学生在对历史的体悟中增加对美的认同和渴求。

传承中华文明特别是中华优秀传统文化是历史教育的重要使命，

中华优秀传统文化是实施美育的思想源泉。历史教学应立足于对中华优秀传统文化的弘扬，践行社会主义核心价值观，将传统文化融入美育，充分发挥其育人价值，完善人的精神世界。统编高中历史教材必修3中关于"中国传统文化主流思想演变"这一专题内容的学习，如果能从传统文化所蕴含的人格审美的角度切入，学生的历史学习就不会停留在对先秦思想家具体主张的记忆，而是与传统文化进行深层对话，理解其精髓、感受其价值，进而愉悦身心、提升人生境界。比如，孔子思想中蕴含的感性与理性的圆融、居尘与超尘的贯通，都为中国古典美育灌注了浓郁的人文精神。又如，中国近代史中先进的中国人为了挽救民族危亡而前仆后继地投身革命的历史事迹正是对中国传统文化精神和人格美的最好注脚。

历史学科本身就蕴含着丰富的审美教育资源，体现着东方文化的智慧之美、思辨之美和内敛之美。以古代中国政治制度中唐朝的"三省六部制"为例：通过三省之间的制约关系加强皇权的制度设计，展现的是平衡和谐之美，体现出古代中国政治智慧的高度。要从审美的视角认识"三省六部制"，超越阶级评价的传统历史认识思维，感受"制约与平衡"，从智慧和文明的角度展现古代中国政治。

二、开发历史学科美育课程

审美意识以审美能力为基础，历史教育需要以课程为载体，给学生创造丰富的审美体验，对学生进行审美能力的培养，进而增强学生的审美意识。审美能力是在审美活动中展现出的主观的心理感受能力，是一种欣赏力和理解力。它表现出个性化的审美价值取向，是培养审美意识的关键。

历史学科美育校本课程的开发以历史学科内容为基础，对历史学科内容进行挖掘和整合，加强其与学生所处的社会环境、生活环境、自然环境之间的融合，让学生在课程环境下学会欣赏、学会批判、学会选择、学会生活。它以学校的文化资源和历史课程资源为基础，对教材知识进行适当拓展，建立若干个体现审美素养要求的课程模块。以江苏省南菁高级中学为例：这是一所有着百年历史的江南名校，前身是由左宗棠奠基的，由晚清宿儒、江苏学政黄体芳于 1882 年创建的南菁书院。学校有丰富的历史文化资源，沈鹏、顾明远、邢秀华等著名校友捐赠设立了三座艺术馆，馆藏十分丰富，为历史学科美育校本课程开发奠定了基础。依托校本资源及与历史学科内容的整合，学校开发了考古、文物鉴赏、陶瓷艺术与文化等特色课程。学生在这些课程的实践中增加认知、丰富情感、陶冶情操、涵养品性，扩展了审美体验，审美能力不断提升。

案例：南菁高中《中国陶瓷艺术鉴赏与审美》课程方案（片段）

课程内容

1. 瓷器的制作与鉴定（与化学组合作开发）

2. 陶瓷艺术的美学意蕴研究

◆瓷器的美学特征与美学思想

◆中国陶瓷纹样及审美意识

◆中国陶瓷艺术的文化解读

◆中国陶瓷艺术的审美价值

3. 陶瓷艺术与中国传统文化

课程目标

通过本课程的学习，学生对中国陶瓷工艺与鉴定的知识有初步掌握，对中国陶瓷艺术、文化及美学价值有初步认识和了解，进而学会鉴赏美、感受美、创造美，提升艺术修养、审美情趣和人生境界。

课程设计

依托沈鹏艺术馆等独特的学校文化艺术资源，师生合作开发，分专题、分层次研究中国陶瓷艺术的历史文化背景及其美学价值。

分专题：将该课程分解为以朝代为单位的课程，如夏商周陶瓷艺术鉴赏与审美取向研究、隋唐陶瓷艺术鉴赏与审美研究、明清陶瓷艺术与中国传统文化等，学生根据需要进行个性化选择。

分层次：根据学生的兴趣和鉴赏研究能力，由浅入深，循序渐进。创造条件，为有兴趣深入研究的学生提供指导，鼓励部分学生形成具有较高研究价值的研究成果。

这是一个典型的以鉴赏为主的历史学科综合美育课程，课程开发既体现了特定领域（陶瓷）的审美鉴赏要求，又融合了历史学科的背景知识，让学生了解中华文化的审美价值取向，感受中华文化的广博与精美。事实上，历史学科具有非常丰富的美育资源，只有通过课程的整合与提炼，将文本的课程变成意义的课程，学生的精神追求和审美意识才能得到真正的培养，历史教育的真正价值也才能得以彰显。

三、深度变革课堂教学生态

马克思认为，人类对于客观世界的改造是依照美的规律来进行的，而人的审美体验又是在生产劳动和生活实践中逐渐产生和形成的。在历史教学中进行审美教育，要深度推进历史课堂生态变革，真正将学习的主动权还给学生，增加历史学习的开放性，培养学生历史学习的主动性，让学生在丰富的主体体验中完善自我，提高审美意识。

历史发展很大程度上是按照美的规律进行的，要引导、启发学生思索历史问题，敬畏历史，以历史的视野认识现实的社会生活，从中获得理性的思考和实践的智慧。教学过程中，师生交往的本质其实就是教师人格精神与学生人格精神的相遇和融合。教师必须正确地看待学生，将其作为一个未成熟的正在发展的主体，因而所创设的教育活动要符合学生的理解水平，所运用的教育形式要促进学生主动地进行理解，从而生成和发展出一个内容和形式都越来越丰富的绚丽多彩的人的世界。历史的审美和审美的历史对历史教学提出了更高的要求，在艺术性与科学性兼具的历史研究过程中培养学生的审美意识，需要树立大历史的教育理念，尊重学生审美的规律特点，创造自由的氛围。"人的认识活动具有鲜明的个体性特征，人在知识探究过程中应获得充分的自由与自决……这些结论或观点虽然不一定正确，但它们都是研究者智慧的结晶和本性的自然流露，凝聚着研究者的心血。"[1]学生的审美意识不是外部强加的，而是其在知识基础、情感水平、人格倾向、理想信念的综合作用下内化的结果。教师可以引导，但不能代替。教师必须给学生自由的学习空间，让学生在无限广阔的历史时空中遨游，真正形成自己的审美意识。"自由是神圣而迷人的，它不单是艺术审美活动的灵魂，更是人的本性的要求，是人的最高本质。

---

① 刘亚敏：《论学术自由的人本价值》，载《教育研究》，2014(2)。

人类的一切积极的活动，其最终都是为了不断摆脱自然的束缚而向着自由的境界迈进。这个历史行程却充满了重重障碍。① 学生的审美意识的形成未必一帆风顺，有时需要长期的体验和培养，其审美境界和知识视野、道德信仰密不可分。只有在生活的世界中不断淘洗和提炼，人才能不断走向理性和审美的王国。

历史教学的价值旨归是人的发展，这就需要让学生在历史学习中感受历史的丰富性，获得丰富的审美情感体验，"唯有当主观价值之善同客观事实之真达成历史统一，既合于主观需要又合于客观事实时，才会出现真正意义上的善，才会创造出生命美学与生活艺术意义上完整的人生体验和美善世界"②。历史教育的功能既包含历史学科能力的培养，也包含学生精神世界的建设。历史教学可以通过创作历史剧、参观历史纪念馆、举办历史纪念日主题活动等方式增加学生的主体体验，将历史意识、历史情感内化为学生的情感追求。2014 年12 月的"南京公祭"之所以备受关注，就是因为这样的活动将历史与现实置于中华民族的伟大复兴的关键时刻，升华了中华儿女的民族情感和道德信仰，使热爱国家、渴望和平、实现民族复兴成为中华儿女共同的情感取向。历史教育在这样的时空场域中增加了庄严感和崇高感，召唤着每一个中国人响应时代需要，去实现中华民族伟大复兴的中国梦的审美理想。

---

① 李欣人：《人的自由与审美教育——席勒美育思想探析》，载《南开学报》，2001(4)。

② 涂艳国、周贵礼：《试论教育回归人性的基本方式》，载《教育研究》，2012(2)。

四、重视历史教学的价值引领，让学生提升审美追求

马克思对历史价值有过这样的概括："历史就是我们的一切。"人创造历史，历史因人而存在，历史学科的教育价值最终应体现在对人生的价值引领上。如果说历史的工具性给人类提供了足够的历史知识和历史经验，那么历史的人文性则回答了人类存在的价值理由和可能。历史教育不仅要满足人们的知识需要，而且要满足人们的精神诉求。历史教育只有给现代人提供全面的生命关怀，更多地关心现代人的心灵需求，才能更好地获得大众的精神共鸣。

历史学习不是记住现成的结论，而是运用历史学的思想和方法去研究和解释。历史学科以过去发生的事情为研究对象，特别需要严谨的研究态度，充分掌握史料，进行科学的分析和思考。历史教学以培养学生人文素养、引领学生追求真善美的人生境界为主要目标，处处渗透着生命的审美追求。史书和史料是没有精神和思想的，必须通过人们的思考和判断赋予其新的生命。历史研究是以人的活动为对象的，重大历史事件总是体现着人的价值和追求。教师必须要树立正确的历史意识，运用符合历史学科特点的方法进行历史教学，在充分掌握历史事实的基础上进行富有意义的价值引领。

历史以有限的存在呈现，但又展现出其无限的意蕴。人在与历史的融合中获得自身的意义，也成就了审美的人生。面对这无限的整体或一体性，有限的个人总是从自己现有的地位出发，向着有限性以外张望，不断地超越自身，向无限的整体或一体性而献身，这中间包含着人对人的责任感。超越自身，舍弃自身，为他人尽责，实际上也就是使有限的自我融合于无限的整体中，参与到无限的整体中，以实现

自我。① 这里的"出发""张望""融合"正是人对自身存在意义的追求，是自觉的责任担当。人因"张望"而获得无限可能，因"融合"而获得无限。这就是生命美学意义上的自我实现，是人生至高的美善境界。

崇高是美的最高阶段。历史是人类社会的发展历程，是人类共同拥有的可歌可泣的成长经历，是丰富多彩的物质文明与精神文明的结晶，也是民族赖以认同和共同奋斗的精神记忆。"学生学习历史，不同于历史学家研究历史。历史教育的本质是人格教育（侧重个体角度）和公民教育（侧重社会的角度）。通过对历史的学习，学生最终要不断完善自己的人格，学会做一个合格的公民。"②现代公民最突出的特质就是社会责任感，如果教育不能培养人的社会责任感，不能让人成为精神高尚的富有责任感的人，那么教育就仍然只能停留在技术和认知层面，背离了它的本质。人类共同生活在一个互相联系、命运攸关的经济全球化时代，个人社会责任的归属既是民族的，也是世界的。历史教育必须倡导包容、和平、合作的理念，让学生具有全球视野和关心人类未来的胸怀。历史教学的审美意识培育应从人类共同利益出发，进行全球意识培养和以共同价值为内容的价值引领。

第三节　历史教学的美育功能

学科渗透是普通高中实施美育的重要途径。历史学科的审美旨趣

①　张世英：《哲学导论》，224 页，北京，北京大学出版社，2002。
②　张汉林：《试论高中历史教育的三维目标》，载《课程·教材·教法》，2014(2)。

表现为在历史教学实践中以审美的视野认识历史，赋予历史美学意义上的解释视角，使人获得自我超越和追求无限的动力，给人以方向的指引，最终成就人的道德完善和精神丰盈。历史学科的审美旨趣内在地规约了教育的本质是指向人本身，反映着人对美好未来的祈盼。历史教学的美育渗透主要通过学科内容审视、学科意蕴挖掘、传统文化体认等途径进行，以实现对人精神世界的改造。

席勒认为，美育的目的是使人能够自由健康地发展，使人类恢复到整体的和谐；美育的本质在于完美人性的实现，而完美的人性既包含感性冲动，也包含理性冲动，二者结合使人可以超越有限，达到无限的自由。这就规约了美育的关键是审美能力的培育，离不开个体的道德涵养、批判精神、审美趣味和价值导向，这与历史学科价值有着内在的一致性。美育属于人文教育，它的目标是发展完满的人性。因此，美育渗透在历史认识中发挥着重要作用，它决定了历史认识的深刻程度和价值方向。将历史认识引向审美境界，从而赋予历史研究更丰富的解释视角和更深刻的人文关怀，是实现立德树人根本任务的需要。

一、历史教学的审美旨趣

传统的历史教学把机械的历史知识的记忆作为教学的目的，学生在历史学习中扮演着旁观者的角色，学习和生活剥离，历史与现实脱节。历史教学的审美过程是合目的性与合规律性的统一过程。学生总是将自己的生活情感经历与历史进行关联，在真实情境中理解历史之美。历史存在的意义就在于它的未来性，给人以智慧启迪和灵魂洗礼，承载着人类对美好未来的无限憧憬。

（一）以审美视角解释历史，发现历史思想之美

审美意识受审美情趣影响，而审美情趣又由社会历史决定。不同时代的人们有不同的取向，要透过时代在具体的时空中理解人们的审美取向，深刻理解时代与人的精神世界的关系。历史教学的审美旨趣体现在历史对学生人生发展和价值取向的深层次影响上，让人拥有真善美的人生境界。当我们以审美的视角研究历史时就不难发现：在历史教学中，无论是教学内容的选择，还是教学过程的要求，抑或是教学目标的确定，都蕴含着美的追求。高中历史教学内容总是选择那些最能反映社会文明进步取向的历史事件或历史人物，它们作为一个时代的标志，总是给我们以巨大的精神震撼，带给我们关于人生价值的深刻思考。在历史舞台上，生产力的进步、朝代的更替、思想所及的高度，无不展现出人类生生不息的创造和永不满足的追求。唯有以美的视角审视，历史的画卷才会更加展示出其波澜壮阔，那些美好的东西才会熠熠生辉，而人类也正是在对美的无限追求中不断地实现自我。

（二）以审美追求认识历史，引领师生超越自我

历史中蕴含着的真善美的价值，需要凭借审美意识去理解与发现。美是以有限的形式表现出来的无限。历史教学的本质正是从有限眺望无限，获得对于过去、现在和未来的更理性的认识，从而不断超越有限，最终走向无限。每个个体，每个时代的历史具象，都呈现出有限的一面，受个体和时代的局限，历史似乎总是以不完美的样态呈现在我们面前。比如，近代中国因落后而挨打，试图改变国家命运的太平天国运动和孙中山领导的辛亥革命都以失败告终，历史的局限性

和不完美表现得格外明显。事实上，正是这种不完美给我们提出了庄严的历史命题，即如何逐步超越历史的有限，创造历史的无限，从而将有限的自我融入无限的历史洪流，让每个人都接受历史的评判。历史教学的审美旨趣此时便表现为对有限的超越和对更完美的自我的无限追求。让学生在历史情境中思考自身的责任，将有限的自我融入对美好的未来的憧憬中，进而找到自己的人生坐标和精神基点，这其实就是不断赋予一件件孤立的历史事件价值意义来对学生进行精神引领的过程。从这个意义上说，历史教学因审美旨趣而深刻，它赋予人自我超越和追求无限的动力，给人以方向的指引。在从有限眺望无限的轨迹上，人以审美旨趣对待历史。对"真"的探究、对"善"的弘扬、对"美"的创造是历史研究的价值所在，亦是历史教学的价值遵循。

（三）以审美价值丰富历史，彰显历史学科本质

历史教学是研究过去、面向未来的，其终极目标是对学生进行精神改造和价值培育，与美育的价值具有内在的一致性。历史学科教学要让学生不但知道历史上发生了什么事，而且还要知道这些事为什么会发生和应该怎样评价，最终对学生进行人格教育（侧重个体角度）和公民教育（侧重社会角度）。身处历史学习场域中的人是未完成的人，他们将通过历史的学习从感性走向理性。美育的价值在于让学生在个性化的生活体验中学会判断，懂得意义，将个体的实践与生活的目的结合起来，丰富人生体验。历史教学也同样如此，其目的在于让学生在历史感知中丰富情感，具有对待自身、自然、社会的正确态度，形成正确的价值判断和价值追求。这与席勒的人生三阶段说一脉相承，即人若要完成自我实现的全部过程，就要经历物质的状态、审美的状

态和道德的状态。可见，审美的本质指向人道德境界的提升，促进学生全面发展，这正是历史学科价值的体现。

二、历史教学的美育渗透策略

美育实施的关键是营造审美的校园生活，学科渗透是普通高中实施美育的重要途径。历史学的人文社会科学属性决定了历史学科的美育渗透必须尊重学生的自主体验，让学生立足于历史学科内容以发现美，从中华优秀传统文化中感受美，最终成就学生的道德完善和精神丰盈。

（一）在历史学科内容的多维审视中提升学生的审美意识

历史研究者（师生）对历史此在的认识何以上升到审美的境界？或者说在历史鉴赏过程中学生审美意识得到培养的关键是什么？海德格尔所主张的"此在与世界"与旧的"形而上学"形成了鲜明的对比，可以很好地回答上述问题。按照海德格尔的观点，历史的显现与隐蔽具有不可分离性，艺术品或者说我们可见的历史的审美意义隐蔽于其中的不可穷尽性和不在场性，乃是我们认识历史丰富性和无限性的空间所在。比如，对于青铜器的认识，我们显然不能仅仅局限于物理和数学的思维而重点研究构造和各部分的比例，应以审美的想象认识它，明晰它背后隐蔽的无限存在，研究文化的、审美的和生活化的意义赋予。人类在漫长的历史演进和特定的时空中创造了灿烂的文明，这些文明总是会通过不同的符号来表达，寄托着人类丰富的审美追求。青铜器、瓷器、绘画艺术作品和文学作品等，总是立体地鲜活地展示着那个时代的人们的审美取向，体现着他们对生活的态度。再如，人类的生产工具经历了石器、木制工具、青铜器和铁器的漫长演变史，材料和造型的变化展现了古代劳动人民的审美追求。又如，在汉代的出土文物中，我们经常看到谷仓、灶台、瓦当等生活化的场景。我们由此可以判断，是人类对朴素生活美学的追求让历史场景如此丰富多彩。正因为热爱现实生活以及对基于现实生活的未来充满了美好的希冀，人们才会将他们心中的理想生活融入艺术创作。此时的谷仓、灶台、瓦当已经不能仅仅用单纯的专业历史考古的视角来体味了。而汉代艺术的这种情感基调亦和当时国家统一、人口众多、生活富足的时代图景是分不开的。

历史学科中有着丰富的审美对象需要体验和鉴赏。这既需要艺术的眼力，也需要科学的判断。对书法、绘画等作者的辨别、朝代的辨别、真伪的辨别，都需要掌握相关的历史、文学、艺术、科学的知识，了解特定时期人们的审美取向。从古陶器、青铜器的纹饰理解农耕文明时代人们的精神追求，从精美的玉器、瓷器理解古代不同时期人们的审美取向，从生产力、信仰、审美等多维视角审视中华文明的博大精深，增强学生的民族自豪感和对民族文化的认同感。在历史教学中，教师要引导学生从审美的角度认识和理解人类文明的演进历史，让历史学习成为感受美、理解美、创造美的过程。

(二)在历史学科内容的意蕴挖掘中培养学生的历史美感

历史学科本身蕴含着丰富的审美教育资源，立足历史学科内容进行美育渗透是历史学科美育的重要途径。中国古代的四大发明为什么在中国和欧洲产生截然不同的影响？这背后蕴含着怎样的社会发展启示？我们如果仅仅停留在对科技成就本身的知识归纳，忽略对科技背后的文化挖掘，就无法真正理解科技文明所传递的信息。因此，从审美的视角出发，学习科技的历史必然离不开对科技与人文的关系的探讨和对科技伦理问题的讨论。只有让学生正确认识"科学决定论"的危害，从人类命运共同体可持续发展的视角认识工业化进程，正确认识科技与人文的关系，才能让科技更好地造福人类。高中历史教学可让学生围绕"军事现代化的价值反思""科技进步与人的幸福""克隆技术与科技伦理"等话题进行讨论，从而让学生跳出书本，走向对人类命运的终极关怀。

第二次工业革命极大地改变了世界，深刻地影响着人类的发展进程。伴随着大机器生产，西方国家迅速走上殖民扩张的道路，进行着疯狂的掠夺和惨无人道的屠杀。究竟该如何认识侵略？对"殖民主义的双重使命"的观点如何评价？只有将历史认识引向审美之途，才能找到认识这些问题的逻辑起点。一方面，我们坚持生产力的标准，坚持唯物史观正确认识历史现象；另一方面，野蛮的侵略和屠杀与人类社会进步的潮流背道而驰，披上时代进步的外衣行灭绝人性的行为暴露了殖民者的丑陋。由此，我们在真善美的审美判断中认清了历史的本质。这样的讨论也让我们对资本主义的本质有了更全面的认识，对人类未来发展多了一份理性的思考。

（三）在对中华优秀传统文化的体认中丰富学生的审美情怀

在历史长河中，中华优秀传统文化蕴含着丰富的美学思想、观点和方法，为我们进行美育实践研究提供了丰厚的资源。人类的发展日益陷入一种进退两难的窘境：一方面人类不断地征服自然，创造了丰富的物质产品；另一方面人类日益面临着价值世界的荒芜，正遭受着信仰危机、道德滑坡和灵魂禁锢的困扰。以自我为中心的人把其他一切物化,人与人、人与自然失去了理解和对话,这样的境况让人的灵魂失去归宿,无所依归,幸福更无从谈起。何以改变?"己所不欲勿施于人""老吾老以及人之老,幼吾幼以及人之幼"的传统文化精神才是解决人类危机的根本依托。渗透着审美精神的中华优秀传统文化是实现人类灵魂救赎,解决人类发展危机的希望所在。

历史的长河奔腾不息,人类的历史是一个充满意义的世界,我们总能从对历史的感知和体悟中感受到文化的价值和精神的力量,获得前行的动力。中华优秀传统文化是中华文明的根基所在,是东方哲学思想的集中体现,反映了中华民族在面对人与自然、人与他人、人与社会问题时的审美取向。在历史教学中,教师要善于从东西方传统文化的主张中提炼东西方思想的本质,如道德的根源、人性的善恶、人生的意义、生活的本质等,把传统文化的主张和那一时期人类发展的处境联系起来,以审美的视角来解读历史,弘扬人性的善、发现人性的美,从而给学生以无限的灵魂呵护。历史教学应该充分挖掘传统文化资源,让学生从传统文化中获得对人生价值的深刻认识,进而成就学生审美的人生境界。儒家思想是传统文化的主流思想,高中历史专门以"儒家主流思想的演变"为主题来呈现儒家思想的发展历程。学生对这一部分内容的学习显然不能局限在对儒家思想基本主张的机械记忆上,要深刻理解儒家思想所蕴含的价值之维,努力成就一个真善美的人生。历史教学除了要培养学生的历史学科能力,更重要的是要让学生懂得优秀传统文化所蕴含的文化精神和价值内涵。我们相信,积极的、道德的、高尚的情感会让他们鄙夷历史的丑陋，充满人文关怀的、饱含人性叩问的、渗透未来意识的审美价值取向会让他们透过纷繁的历史具象，以批判和反思的方式，思考人类未来的命运。

在历史教学中进行美育渗透是深度推进历史课程教学改革，培育学生历史学科核心素养，实现历史学科价值的重要途径。学生以什么样的价值标准认识历史，取决于他们的审美旨趣，取决于他们对当下和未来世界的审美取向。历史教学的过程是引导学生基于现实生活和未来的需要，对过去发生的事件进行认知、批判和反思的过程，是师生发现美、感受美、认识美和创造美的过程。历史教育工作者要深刻认识历史教学的审美旨趣，在历史教学中进行充分的美育渗透，以此培养学生的历史学科能力，让历史教学真正发挥出价值引领的功能。

专题四　历史教学中时空观念的审美理解

　　历史时空是由人类实践活动创造的，在具体的时空背景下认识历史是历史研究的任务所在。时空观念作为历史学科核心素养，要求学生在具体的历史时空背景下理解人类实践活动，以现在的视角对过去发生的事件进行深刻理解。如何正确运用时空观念？审美是重要视角，因为历史的时空是充满意义的价值时空。每个特定的时代，人类的生产生活都寄托着其理想和希冀，体现着对自由和解放的追求。因此，时空观念蕴含着审美追求。在特定的历史背景下理解史事，建构历史联系，进而进行历史理解和历史解释，都离不开美学视野。

第一节　历史学科时空观念的审美理解

　　时空观念作为历史学科核心素养的内容之一，对正确认识历史现象和历史规律，在特定的历史背景下理解史事，建构历史联系，进而进行历史理解和历史解释发挥着基础性作用。当前，对历史学科时空观念的认识误区主要体现在对时空观念内涵的理解上，或将客观的自然时空和历史社会时空混淆，或片面理解历史学科的时空内涵。因此，有必要进一步进行研究和讨论，以厘清内涵、澄明主旨。本部分拟从理论维度探讨时空观念的内涵，旨在抛砖引玉，引起专家学者更深入的讨论，在此基础上形成学科核心素养培育的实践智慧。

历史教学改革的关键是教学理念和教学方式的变革，凸显历史的学科特性，"从历史知识的本质、历史学习的本质去寻找答案。这涉及历史学科的基础和历史教学的方法论原理"①。《普通高中历史课程标准(2017 年版 2020 年修订)》把历史学科时空观念界定为"在特定的时间联系和空间联系中对事物进行观察、分析的意识和思维方式"，其内容包括：知道划分历史时间与空间的多种方式，并能够运用这些方式叙述过去；能够按照时间顺序和空间要素建构历史事件、历史人物、历史现象之间的相互关联，能够在不同的时空框架下对史事作出合理解释；在认识现实社会时，能够将认识的对象置于具体的时空条件下进行考察。这些都体现了对历史学科特性的把握。全面认识时空观念的表述并深刻理解其内涵，需要我们从历史学科本质范畴的时空观念、马克思主义唯物史观的基本原理以及时空观视域下历史发展的总体特征等视角进行阐释。

一、历史学科本质范畴的时空观念阐释

历史学科究竟是什么？这要从"历史学是什么"谈起。"史者何？

---

① 郑流爱：《关注历史知识、历史思维与历史理解——英国"新历史科"探析》，载《全球教育展望》，2007(3)。

记述人类社会赓续活动之体相，校其总成绩，求得其因果关系，以为现代一般人活动之资鉴者也。"①梁启超的论述一方面反映了历史的时间性和延续性，历史活动总是在一定的时间内并按一定的顺序发生，有人类活动也就有了历史的空间向度，人时刻都在创造着自己的存在空间，也正因为如此，才可以在历史的进程中把握因果关系，获得对历史的认识；另一方面也说明梁启超认为历史研究的价值指向是为现代社会发展提供借鉴，即"一切历史都是当代史"。梁启超对历史的界定不仅解释了"时空观念"何以与历史相伴而生，而且对历史学科的时空观念内涵进行了初步的阐述，即历史时空实质是"人"的活动，是人创造了历史的社会时空，历史时空因此获得了其不同于自然时空的丰富的人文意涵。葛剑雄认为，对于历史的专门性研究就是历史学，简称史学，也可以称为历史科学，它不仅包括历史本身，还应该包括在历史事实的基础上研究和总结历史发展的规律，以及总结研究历史的方法和规律。综合上述观点可以看出，历史学科就是研究和掌握历史科学的一门学科，其特质既包括历史事实，又包括历史研究方法和理论。时空观念作为历史学科的核心素养，是由历史学科的特质决定的。一方面，建构历史事实本身离不开时空观念；另一方面，历史研究的方法和理论必须建立在时空观念之上。时空是历史的存在方式，是历史的本质呈现，是认识历史的起点。

历史研究的对象是人类社会过去所发生的事情，具有客观实在性；同时历史又是人类基于历史媒介对过去发生的事实的认识，是对客观历史的主观建构。当历史研究者依据客观存在的"物"重构历史的

———————

① 梁启超：《中国历史研究法》，5页，上海，上海人民出版社，2014。

时候，必须要进行时空转化，将过去的历史纳入今天人类思考问题的框架中，建构对于未来的意义表述。"经过这样的转化，过去的事业，才变成历史。也就是说，那些外在的，有其本身运作原因的事业，被我们的记忆、被我们的历史意识及理解力掌握后，才变成历史。只有我们记忆所及的事，才是真正尚未逝去的过去，才是虽然过去却有现在性的事。"①由此可见，无限的历史总是存在于有限的时空中，这种有限表现为历史发生在一定的时空中的有限性以及我们对历史的了解的有限性，还表现为历史的再现被纳入人类当下所生活的时空范畴，受到这个有限时空和人类观念的限制。因此，时空是历史赖以存在的方式，历史总是在有限时空中发生并被建构出来。

时空观念的史学方法论隐喻了一个规则：如果要获得对历史事件的全面把握，就必须回到历史现场去发现"物"与"事"背后的决定因素，对事件发生的时间和空间进行审视，"按时间顺序和空间分布等要素，揭示系列史实间的联系，形成历史发展线索"②，只有这样才能获得对"物"背后的行为方式和信仰的合理解释。但历史中的时空并非先验存在，也不是均匀流淌着的时间河流，"而是在航拍视角中的江河，河流的顺逆两个维度于一瞥中尽收眼底"③。历史叙事中的时空观念是跨时空的，而过去发生的事实哪些可以进入我们的研究视野，取决于我们对现在和未来的观念，重构历史必须将过去历史发生

---

① ［德］德罗伊森：《历史知识理论》，126 页，北京，北京大学出版社，2006。

② 刘俊利：《基于课程目标的中学历史学科核心素养：概念、渊源与内涵》，载《历史教学（上半月刊）》，2016(5)。

③ ［荷］安柯斯密特：《历史表现中的意义、真理和指称》，43 页，南京，译林出版社，2015。

的时空与现在我们所生活的时空甚至未来社会发展的时空纳入统一概述中。只有这样，历史叙事才得以摆脱编年史的简单陈述而展现更加丰富的意义和图景。无论编撰历史还是认识历史都离不开时空观念，时空维度是我们认识历史无法超越的维度，时空观念是研究历史的重要理论和方法。作为历史研究结果呈现的历史叙事或者被重构的历史是按一定的时间顺序进行敞现的，比较常见的两种组织机制具有鲜明的时空特征：时间序列和空间序列。通史、断代史、阶段史都属于时间序列的历史呈现。历史编纂体例除了按时间呈现的通史外，还有断代史，如《汉书》《明史》等都是以朝代作为一个历史阶段来较全面地呈现历史的发展状况。按时间序列认识历史还表现为对历史上的一些重要阶段进行研究，形成具有时间特征的某个具体时段的历史叙事，如"古希腊时期""大航海时代""五四运动时期""抗日战争时期"。考察一个国家的历史进程往往以时间为顺序，从不同的历史阶段去研究，从而获得对这个国家的历史进程和文明发展的过程的了解，在过去、现在和未来之间建立起联系；考察不同地区人类文明的历史则往往按国家或地区组织，以空间区域为背景呈现历史，凸显地区的差异性和文化的独特性，获得对不同文明的全面认识，建构我们对历史丰富性、多样性和关联性的认知。

二、马克思主义唯物史观视野下的时空观念审美理解

为了深刻地认识历史学科时空观念的内涵，我们还需要将讨论引向深处，从马克思主义唯物史观入手对时空观念进行理论阐释，获得对时空观念内涵的把握。

传统的时空解释认为，时间和空间与物质不可分离，时间和空间

都是物质运动的存在形式。① 这种时空观虽有别于哲学上的"绝对时空观"，但其过分强调时空与物质的联系，忽视了时空中人的实践活动与时空的关系，将自然时空等同于社会时空。历史学科的"时空"不能等同于"自然时空"，更不是时空二元论下将人与自然对立的绝对时空，"根本不存在一种完全与人无关的绝对独立于人类社会的'自然界'"②。自然时空是客观存在的时空，正所谓历史在时空中发生。但人类历史的"时空"不局限于"自然时空"，更主要体现为"社会时空"，这一时空是由人类实践所创造的。历史学以过去发生的事件为研究对象，但不以所有的史事为研究对象，研究对象的选择有着价值预设的主观性和目的性。透过纷繁的历史现象，探寻历史规律，正确理解和解释历史，获得历史启迪，是历史研究的主要任务。为了实现这样的目标，必须运用科学的理论和正确的历史研究方法。实践证明，马克思历史理论具有强大的历史解释力和建构力，是科学的社会历史理论。

马克思主义唯物史观"揭示了历史存在的现实基础，全面阐述了历史发展的内在动力及其发展规律，创立了历史唯物主义理论，实现了对过去一切历史理论的革命性变革"③，为正确地进行历史认识提供了科学的理论框架。其中，基于实践的社会时空观是马克思主义唯物史观的重要表征。"我们首先应当确定一切人类生存的第一个前提，

---

① 贾英健：《马克思社会时空观的实践维度与虚拟转向》，载《理论学刊》，2013(4)。

② 王林平、高云涌：《时空二元论的理论困难及其解决出路——对国内有关马克思社会时空观研究的前提批判》，载《哲学研究》，2013(8)。

③ 孙乐强：《重估马克思历史理论的独特贡献及其当代价值》，载《江苏社会科学》，2013(6)。

也就是一切历史的第一个前提，这个前提是：人们为了能够'创造历史'，必须能够生活。但为了生活，首先需要吃喝住穿以及其他一些东西。因此第一个历史活动就是生产满足这些需要的资料，即生产物质生活本身，而且这是人们从几千年前直到今天单是为了维持生活就必须每日每时从事的历史活动，是一切历史的基本条件。"①在此基础上，马克思进一步揭示了物质生产的重要性，认为物质生产是人类历史存在的基础。他指出，生产是指物质生活的生产和再生产，它是人改造世界的活动，也是人类生活得以实现的永恒的自然必然性。在马克思看来，实践活动是历史的起点，是人类历史存在的基础。正是因为人类社会的实践活动，人与自然、人与人才建立了紧密的联系，而这种联系又总是与当时的生产力水平相适应。马克思一方面肯定了社会生产力发展对社会发展的决定性作用，另一方面也揭示了人类社会实践和在实践基础上形成的生产关系受生产力发展水平和社会时空的制约。这样，"在时间和空间中展开的人的活动就被赋予了自己的时空存在形式：社会时间和社会空间"②。人类实践创造了人类生活的社会时空的实体，这就决定了研究人类社会发展的历史必须从时空出发。

由于人类历史是人实践活动的历史，按照马克思主义社会实践论的观点，实践既创造了人类历史本身，也推动着人类历史前进，这种推动是通过生产力与生产关系的辩证关系来实现的。人类的社会实践

---

① 中共中央马克思恩格斯列宁斯大林著作编译局：《马克思恩格斯选集》第一卷，158 页，北京，人民出版社，2012。

② 贾英健：《马克思社会时空观的实践维度与虚拟转向》，载《理论学刊》，2013(4)。

活动总是处于历史的发展进程和具体的时空之中，受到自然环境和客观规律的制约。研究历史必须从不同社会的阶段性和具体的历史情境出发，具体考察生产力与生产关系的发展状况。只有从起决定作用的社会生产方式出发理解历史，才能纲举目张，洞察本质。历史研究必须在人类实践活动的语境下进行，在社会时空中把握历史规律，探寻历史意义。在国共十年对峙时期，共产国际和党的部分领导人忽略中国社会经济发展的实际情况，将俄国的城市中心革命道路移植到中国，以夺取大城市为目标，采取全面出击的军事策略，结果险些葬送中国革命。毛泽东等中国革命的领导者正是从中国国情这一特定的时空出发，选择了"农村包围城市"的革命道路，才形成了"工农武装割据"的革命理论。整个人类社会发展都在一定的历史时空中进行，受时空制约，并不断超越时空限制，创造人类的社会时空。正是人类的实践活动，赋予了时间和空间意义，这样的时空实质上是人化的时空，是人类创造的时空，是意义时空和价值时空。

三、时空观视域下历史发展的总体特征

《普通高中历史课程标准（2017 年版 2020 年修订）》关于"时空观念"的内涵阐释还包括能够在不同的时空框架下对史事作出合理解释。这反映了时空观视域下历史发展的总体特征。历史发展建立在人类整体实践活动的基础上，而人的活动是有目的的，是受客观规律制约的，是在一定区域的自然环境和人文环境中进行的。因此，在社会历史时空视域下，历史的发展总体上呈现出多样性、方向性和整体性。

历史时空的多样性是由历史的时空性本身所决定的。按照鲁西奇的观点，人类历史发展道路的多样性有三个根源："自然的多样性、

人群的多样性和人群对多样性自然的适应、应对与抉择的多样性。"①
正是这种不同空间区域自然环境的多样性以及人类与自然交往方式的
不同，创造了丰富的历史表现和言说方式。不同国家和不同时代的人
的活动面临的自然条件和文化背景不尽相同，相同的自然环境也可能
呈现出不同的人与自然的互动方式以及多样的文化和多样的生存方
式。如古希腊在濒临海洋、岛屿众多的自然环境下诞生了民主政治，
而古罗马却以法治建设的成果影响后世；同一时期的中国，在由分裂
走向统一的历史进程中逐渐形成了中央集权的政治体制，也创造了灿
烂的物质文明和精神文明。这种不同既因为历史发生的时间和空间不
同，也因为人类在面对不同的自然和文化环境时与环境的互动不同。
当今，世界各国的历史发展呈现出多样性的特点，各国人民在自己生
活的时空中创造了辉煌灿烂的文化，时空观念要求我们以国际理解的
视野对待各国的历史和文化，尊重文化的多样性，以包容的心态理解
各国文化，求同存异，共同发展。

多样性是历史存在的主要形态，世界因多样性而更加丰富多彩。
社会时空的历史不像自然时空那样均匀地展开，也不像钟表的指针那
样朝着一个方向以相同的节奏运动，不平衡性、多样性是社会时空存
在的基本方式。由于受到各种主观和客观因素的制约，历史发展进程
还会表现出一定的曲折性，有时甚至停滞不前或倒退。社会时空的这
些特点要求学校教育在具体的时空背景下认识历史发展的矛盾性和复
杂性，把握历史发展的阶段性，具体问题具体分析，在具体语境下开

① 鲁西奇：《中国历史的空间结构》，51 页，桂林，广西师范大学出版社，2014。

展与历史发展阶段相适应的社会实践活动，创造条件推动历史不断向前发展，赋予历史时空以蓬勃的生机。

时空的方向性蕴含在历史发展的目的性和主观能动的过程中。历史的发展具有曲折性，但同时又呈现出总体性、方向性的特点，总体趋势是向前发展的，指向更高的目标。马克思认为，人类实践活动的目的是逐步实现人类自身的解放，生产力是社会发展的决定力量，人正是在社会历史实践的进程中不断实现自身的发展，社会历史实践改变着客观世界，也改变着人类自身。而人类对自身的改变既有明确的目标指向，也有自身的价值预设。历史时空的方向性表现为人类历史发展在总体进程上的进步，人类社会从低级向高级发展，人类自身也不断地从野蛮走向文明。人类社会的发展就是在人类实践的基础上不断拓展有限的时空，从而拥有更广阔的发展空间，这一进程本身就表现出明确的方向性。德国历史学家约恩·吕森在谈及历史的意义时说："如果我们和后辈在从过去向未来前进的道路上有着共同的方向，那么来自历史回忆的、能形成意义的未来的塑造会更加完美。这样，我们就能将一个照亮未知道路的火炬传递到他们手中。"①向着未知，为了未来，这是人类实践的动力和方向。历史学科的时空观念素养要求我们具有洞察历史趋势的能力，在特定的时空背景下认识历史而又不囿于时空限制，把握历史前进的方向，顺应历史发展的潮流。比如，要认识孙中山领导的辛亥革命的意义，我们就必须理解当时中国处于半殖民地半封建社会这一特定的社会时空背景，看到"近代化"这一世界发展潮流和方向。孙中山正是认识到"世界大势，

---

① ［德］吕森：《历史思考的新途径》，51 页，上海，上海人民出版社，2005。

浩浩荡荡"这一不断向前的历史发展趋势，才提出"三民主义"这一革命纲领，虽历经多次失败，但仍然以坚定的信念推动中国革命不断向前发展。

以整体观把握历史，同样是历史学科时空观念的重要内涵。司马迁所谓的"究天人之际，通古今之变，成一家之言"中，时空整体昭然可见。时空观念的整体性主要表现为两个方面。第一，在历史发展的不同时间进程中探究历史规律，以规律性认识整体性。我们考察近代以来不同地域的资本主义发展状况，会发现各地的资产阶级革命呈现出不同的面貌，既有时间进程上的差异，也有具体方式上的不同。英国通过光荣革命进入了资本主义时代，100 多年后的法国以剧烈的大革命的方式历经反复最终确立了资产阶级的统治，俄国则通过自上而下的农奴制改革走上了资本主义的发展道路……对这些国家的历史考察既要深入各国的社会内部，了解各国的经济发展、政治力量对比、文化差异等，也要着眼于资本主义发展的整体，看到不同国家之间的相互联系和普遍性。分析各国资本主义制度建立的原因，呈现出了一种普遍性："每当社会生产力发展到一个新的水平，旧的生产关系不适应这种发展时，生产力和生产关系的矛盾便激化，只有调整与改革旧的生产关系，社会生产力才会得到发展。"[1]马克思主义唯物史观正是从生产力与生产关系的辩证关系原理来理解资本主义制度代替封建制度的必然性的，从而获得了对资产阶级革命的整体理解。整体性的时空观念有助于我们把握历史的总体趋势。第二，从具体的、局部

————————

[1]　白寿彝：《中国通史（第一卷导论）》，153 页，上海，上海人民出版社，2013。

的、分散的历史中发现历史的关联性，以关联性认识整体性。未被认识的史事是具体的、零散的、分散地存在着的，认识历史还必须超越对局部的社会时空的理解，从整体把握。要从个别的、具体的历史情境中获得历史认识，更要超越具体和个别，用联系的视角整体认识历史。"在海德格尔的思想中，天、地、人、神四者是统一的整体，它们彼此并非相互分割的局部，每一部分都以自己的独有方式与他者相联系。"① 显然，海德格尔主张将人类历史与时空作为整体来考察。比如，我们认识中国历史发展的进程时，既要看到各民族各地区文化的多样性，也要看到中华民族从分裂走向统一的整体性，从而分析中华民族在长期历史发展进程中从分裂走向统一的政治、经济和文化因素，理解中华民族统一的文化基因。研究中国历史是这样，研究世界历史同样如此。自新航路开辟以来，世界各地区从孤立走向联合，人类认识世界和实践活动的时空不断拓展，全球逐渐成为一个相互联系的整体，这就需要用全球史观的整体视角来认识世界，理解全球化。

对于人类来说，时空不仅是一个永恒的概念，而且是发展的希望所在，召唤着人类永无止境地拓展自己的可能性。人类在"此在的世界"中规划着自己的可能性，在"身在何处"的思悟中规划着"走向何方"。② 时空是人类创造的时空，亦是人类存在的方式，其在自然时空中延展，又不断超越自然时空。一方面，人在有限的时空中张望着

① 易然、易连云:《从"诗意居住"到"精神幸福"——海德格尔哲学的现代教育意义诠释》，载《教育研究》，2014(11)。

② 马维林:《论历史教学中学生的审美意识培育》，载《当代教育与文化》，2016(1)。

无限，拓展可能，走向美好；另一方面，人的活动总是受到客观条件的制约，社会的发展也有其内在的规律，历史总体上是合目的性地向前发展。

第二节　历史时空观念理解的三个维度

历史的客观性、关联性和价值性特质决定了历史研究具有三种旨趣：从过去寻找过去——客观与求真，从过去寻找现在——认同与参照，从过去寻找未来——规律与命运。因此，历史的时空至少包括关系递进的三个维度：自然时空、社会时空和心灵时空，这三个时空维度决定了历史教学的实践向度。

《普通高中历史课程标准（2017年版2020年修订）》将"时空观念"确定为历史学科核心素养的重要内容和历史学科重要的课程目标之一，要求学生能够运用时空思维，探求历史事实，建立历史联系，进行历史理解与历史解释；在认识现实社会时，能够将认识的对象置于具体的时空条件下进行考察。作为历史教育工作者，我们一方面需要对时空观念的内涵进行全面把握，从理论上对其进行认识，从不同维度对其进行理解；另一方面需要从实践层面加大研究力度，在教学实践中自觉运用这一观念，将核心素养的要求转化为具体的教学实践目标，转化为课堂教学设计，转化为学生的学科核心素养。

传统时空观认为，时间和空间本身可以划分为自然时空和社会时空两种类型。自然科学的时空和社会科学的时空具有本质区别，是两个在内涵和外延上均不同的概念。自然科学的"时空"是"自然时空"，是一种客观的存在，如牛顿经典物理学中的时空是一切事物的贮藏所，费尔巴哈认为空间和时间不是现象的简单形式，而是存在的根本条件，把时间和空间看成物质运动的形式，强调时空的客观实在性；马克思对传统时空观进行改造，认为人类实践是对自然的人化，时间实际上是人的积极存在，人类通过实践创造了社会生活的时空，时空是人类实践的产物。在社会时空观下，"实践活动在时间上的展开就是人类发展空间的创造与拓展"①。马克思主义唯物史观一方面指出了自然时空和社会时空的不同，另一方面通过肯定物质生产方式对社会发展的决定性作用实现了自然时空向社会时空的转换，建立了自然时空和社会时空的关联。必须指出的是，历史时空主要是一种隐喻的时空，是人的时空，是文化的时空。如"荷马时代""康乾盛世"等都是将人类文明蕴含其中的时空概念，这里的时间往往是人类文明的隐喻，同时也构成了人类历史赖以发生的空间，是一种人文语境；而"东西方""海洋和大陆""丝绸之路"等空间概念也不完全是自然地理意义上的客观的空间，它们是人类活动所创造的文明空间，同时具有时间意义，是实践的空间。

时空观念贯通过去、现在和未来，既属于历史学科方法论范畴，也属于历史学科课程目标范畴。历史研究的任务就是透过史料，在具体的历史时空背景下理解人类实践活动，以现在的视角对过去发生的

---

① 胡刘、祝莉萍：《从"自在时空"到"社会历史时空"——马克思对传统时空观的实践论改造及其当代意义》，载《学术研究》，2012(6)。

事件进行形塑，进行一种基于客观事实的主观建构。历史研究者通过叙述将生活或过去原本在实践上分开的东西放在一起，将不同时空中的历史纳入统一的时空范围加以考察，让历史永远保持着认知过去、关注现实、探索未知的张力。因此，历史是发生过的历史、被存留下来的历史、被认识的历史和被叙述出来的历史这四种历史形态的综合。这就决定了历史研究就是在当下与过去之间寻找一致性。客观发生的历史要在现在继续被记忆甚至被彰显，就是因为其承载着现在的历史发展所需要的价值。因此，根据已有的研究成果①，在自然时空、社会时空和心灵时空这三个时空维度下，相应地需要三种历史理解的基本范式，即实证的历史理解范式、理论的历史理解范式和解释的历史理解范式。历史时空观念理解的三个维度为我们提供了时空观念的阐释视角，也为我们指明了历史理解的实践向度。

一、自然时空维度

自然时空即历史赖以发生的时间和空间，是不以人的意志为转移的，构成与人类活动相区分的历史存在。弗兰克·安柯斯密特仅就时间从三个方面进行了阐述。他认为，时间包括作为康德式的先验范畴、作为编年的时间和作为体现人类历史性中的时间。② 先验的时间和空间都是人之外的，将自然与人完全对立起来。编年的时间是历史发生的时间，虽承认人在历史中的存在，但其仍然与人保持着一定的距离，关注的是客观的时间存在。正如费尔巴哈所说："空间

---

① 张政文：《历史的三种时间量度与三种理解范式》，载《中国社会科学》，2011(2)。

② ［荷］安柯斯密特：《历史表现中的意义、真理和指称》，43页，南京，译林出版社，2015。

和时间是一切实体的存在形式。只有在空间和时间内的存在才是存在。"①自然时空维度下的历史事件通常以编年史的形式进行叙述。编年史似乎符合历史的叙事特点，具有时间感，但其缺少对历史联系的把握，更缺少对历史意义的建构。如《春秋·隐公元年》记载：元年春王正月。三月，公及邾仪父盟于蔑。夏五月，郑伯克段于鄢。秋七月，天王使宰咺来归惠公、仲子之赗。九月，及宋人盟于宿。冬十有二月，祭伯来。公子益师卒。对这段记述，梁启超曾如是评价："第一，其文句简短达于极点……第二，一条纪一事，不相联属……第三，所记仅各国宫廷事……"②而刘知几评价《春秋》的视角则和梁启超不同："夫《春秋》者，系日月而为次，列时岁以相继，中国外夷，同年共事，莫不备载其事，形于目前。理尽一言，语无重出。"③梁启超的评价基本概括了编年史叙事的不足。刘知幾对编年史叙事则非常肯定，比较全面地论述了编年史的存在价值。综合来看，编年史叙事虽有缺陷，但这种叙事对了解历史仍然是必要的，只不过历史研究不能停留在这个层面。事实上，在自然时空的语境下，历史的时间与空间紧密联系，任何客观的历史事件总是可以用时间和空间去描述。如1840年鸦片战争爆发这一事件，有特定的时间和地点，这里的"时空"是由有时空元素的历史事件组成的；又如新航路开辟的历史，我们要准确地了解哪位航海家在什么时间完成了航海活动，主要到达了哪些地方，发现了哪些地方……这些都属于自然时空维度下历史学习

①　[德]费尔巴哈：《费尔巴哈哲学著作选集(上卷)》，109页，北京，商务印书馆，1984。

②　梁启超：《中国历史研究法》，14～15页，上海，上海人民出版社，2014。

③　白云：《史通》，33页，北京，中华书局，2014。

的任务。反过来说，我们如果要了解自然时空下的历史事件，就必须回到这个时间和空间中去发现历史事实，以实证的方式学习历史，证明历史事件确实在此时此地存在。可见，纪年或编年史在客观性、真理性和实在性方面具有存在价值，离开编年史或者客观的历史事件，我们更无法建立历史联系和赋予历史意义。

从对自然时空的理解出发，需要我们以实事求是的态度来认识历史，获取历史事实，构建历史知识结构，形成历史发展的清晰线索。历史毕竟不是任人打扮的小姑娘，在自然时空下认识历史，需要运用实证范式，以科学精神，"大胆假设、小心求证"，获得对历史事件更全面的认识。如果要在教学中培养学生的实证精神，就需要尽量利用史料对历史进行多角度思考，了解历史发生的真实情况，运用自然时空观念，"按时间顺序或空间分布，整合史实，形成历史线索。按照一定主题，分割时间，形成共同主题的知识结构。能够根据主题，按时间顺序或空间分布，灵活整合系列史实。"①历史还有很多未解之谜，如大革命时期和国共十年对峙时期共产国际对中国革命的影响问题，过去我们的很多认识是不全面的，随着苏联官方档案的公布，学者们通过这些资料，对共产国际与中国革命的关系有了更全面的认识。探究历史事实是历史理解和历史解释的基础，我们只有通过更多地获取史料，运用科学方法，才能对客观的历史有更多的了解。这个过程是历史研究者或历史学习者的求真过程，需要尽量排除一切主观因素，避免对历史事实作动机、心态或规律、价值的探讨，让历史更接近其本来面目。

---

① 刘俊利：《基于课程目标的中学历史学科核心素养：概念、渊源与内涵》，载《历史教学（上半月刊）》，2016(5)。

二、社会时空维度

在自然时空语境下认识历史的目的是尽可能掌握客观存在的历史，但这时的史实还没有成为真正有意义的历史。我们若要建立对历史的深刻认识，就必须将时空观念进一步深化，进入对社会时空的理解阶段。

传统的时空观将时空与人的实践分离，要么离开社会研究时空，要么在历史研究中将自然时空与社会时空对立或相提并论。问题在于"时间分为量与质的两种时间，量的、客观的、可科学度量的时钟时间与质的、人的、忧心的主观时间"是不同的。① 海德格尔的主观时间观点看到了时间中的人，是社会的时间，但他仍然将时间与人分开，没有看到两者统一的一面。马克思从唯物论的角度揭示了人类社会的发展规律，立足于人类实践来理解和把握社会时空，形成了立足社会实践的时空观念。马克思曾经指出，时间不仅是人的生命尺度，而且是人的发展空间。正是人的活动使时空具有了蓬勃的生机和永恒的意义。

社会时空观是马克思主义唯物史观的重要体现。马克思主义唯物史观从人的角度出发，将人类历史置于特定的时空背景下去考察，深刻阐释生产力与生产关系、经济基础与上层建筑之间的相互关系。正是上述四个因素在不同时空下的存在方式和相互作用，构成了人类历史的不同图景。历史在特定的社会背景下发生，区域的历史总是与特定区域人的文化与精神相联系，从而呈现出丰富多彩的一面。马克思

---

① 麦吉尔：《世界哲学宝库》，963 页，北京，中国广播电视出版社，1991。

实践唯物主义的丰富内涵正是借助于其特定的时空观展示出来的。①
较之自然时空，社会时空的结构和变化要复杂得多。从实践角度看，
社会时空是人类实践的过去、现在、未来三种样态的统一体。人们要
想全面了解历史、完成对历史意义的建构，就必须在社会时空的语境
下，将历史事件放在具体的历史情境中去考察。马克思的时空概念是
直接与价值、自由、社会革命这样的问题关联在一起的。具体的历史
事实都反映着复杂的社会文化并受社会规律的制约，历史研究的主要
任务是建构历史事物之间的联系，探究历史事实背后的影响因素。因
此，被建构的历史"时空"不可避免地具有主观色彩，但这种主观建立
在客观之上，是在科学的历史理论指导下进行严谨的分析和论证的
结果。

　　社会时空维度的历史研究离不开理论阐释范式。历史教学要说明
历史发生的时间和地点，更重要的是能够让学生知道特定的史事是与
特定的时间和空间相联系的。只有把时间和空间放在一起考察，才能
更深刻地说明历史本身。这就需要以马克思主义唯物史观为指导，做
到在不同的时空框架下理解历史上的变化与延续、统一与多样、局部
与整体，并据此对史事作出合理解释，在认识现实社会时能够将认识
的对象置于具体的时空条件下进行考察。这一方面要求历史研究者回
到历史发生的社会情境中，尽可能在当时的历史背景下还原历史；另
一方面要求历史研究者以现在和未来的视角审视历史，通过批判地分
析"现在"，既能透视"过去"，也能展望"未来"。同时，历史认识也只

---

　　① 胡刘、祝莉萍：《从"自在时空"到"社会历史时空"——马克思对传统时空观
的实践论改造及其当代意义》，载《学术研究》，2012(6)。

有以对"现在"的正确理解为前提，才能正确地认识"过去"和预见"未来"①，完成历史叙事。"正是在这一穿越过去与现在的互动中，认识者最终获得了复原历史语境、再现过去、贯通古今的认识灵感。"②只有以时空观念把握历史，才能获得对所研究的历史事件的全面认识。如对辛亥革命的研究，我们不仅应该从世界历史的发展潮流和中国历史进程所处的阶段入手进行认识，从时空的角度考察当时的中国和世界，而且要从当今中国社会变革的角度真正领悟孙中山等资产阶级革命家顺应时代潮流、反对封建专制、推动民主共和的深远意义。再如在理解中国古代主流思想的演变时，我们要对先秦、两汉、魏晋南北朝、隋唐以及明清等不同历史阶段的社会发展状况进行研究，比如"进入秦汉，回到唐朝"，从而深刻理解儒家思想在不同时期的发展变化。

历史事件只有在时空坐标中才能回答其所以发生、其如此发生的理由，也因此获得意义。从这个意义上说，社会时空观念是我们真正理解历史的关键。

三、心灵时空维度

"心灵时空"是历史研究建构的意义世界，源于个体对意义和价值的理解，反映人的精神品格和价值取向。历史本体内在地包含了目的性和价值性，历史上没有随意发生的事件，每个事件背后都反映了人对自然、社会和自身的观念，体现了人的价值追求。历史研究的最终

---

① 张政文：《历史的三种时间量度与三种理解范式》，载《中国社会科学》，2011(2)。

② 邓京力：《历史理解与历史解释辨析》，载《历史教学(上半月刊)》，2016(6)。

目的必然指向意义，指向我们对未来的希冀。也正因为如此，历史研究不再仅仅是对具体的个别史实的澄清，还要在具体的历史时空中去理解特定时代的人的精神伦理状况。观念史学之所以越来越受到人们的关注，就是因为个人或群体的社会心理、意志力对历史行为的影响是巨大的。历史研究总是关注那些过去发生的能够为现在和未来提供意义的实践，这正是历史研究中的人文主义情怀。人们在客观史实基础上建构起的历史叙事，总是体现一个时代的价值要求，是主观和客观的统一。从事历史研究，从历史中洞察未来，获得精神滋养，是历史学科的重要功能。

心灵时空维度的时空观念有助于理解历史的价值意蕴，充分发挥历史学科的育人功能。在毛泽东的笔下，长征这段历史被赋予了革命乐观主义的心灵理解范式。他的诗句"五岭逶迤腾细浪，乌蒙磅礴走泥丸"所建构的时空是自然的时空，更是心灵的时空，为历史解释提供了无限的精神空间，也蕴含着丰富的情感价值。在文天祥的笔下，"人生自古谁无死，留取丹心照汗青"所建构的精神时空，恒久地激励着人们不断问询生命的意义。这种时空的隐喻和建构，有助于我们更深刻地理解历史本身。对抗日战争历史的研究，过去更多地停留在对战争史实的关注上，以此获得这场战争的历史警示。事实上，如果从人类和平的角度思考抗日战争历史并从中获得更深刻的启示，我们就需要从心灵层面去研究到底是什么因素让日本侵略者在战争中表现得如此灭绝人性，通过叩问道德与情感、人性与良知这些精神层面的存在，唤起并弘扬内心深处的善良与美德，珍惜和平、减少战争。

值得注意的是，心灵时空的理解范式确实容易把我们对历史的理解引向主观主义甚至是唯心主义的误区，忽略历史的客观性规约。研究者对历史的认识受制于其价值预设、思维方式、个人偏好等主观的精神层面的因素，这就需要以马克思主义唯物史观为指导，从生产力与生产关系、经济基础与上层建筑、社会存在与社会意识的辩证关系中对心灵时空进行理解和解释。这一方面说明，历史必须靠人去理解、去感受、去建构意义，每个人都有权利获得自己的历史理解并进行历史解释；另一方面也说明，在认识历史的时候必须克服主观倾向，让心灵时空始终受到客观性规约，基于客观去体悟历史的深刻价值。因此，在心灵时空语境下认识历史，必须以自然时空和社会时空为基础，避免滑向主观主义。

润泽人的心灵时空是历史学科价值的重要体现。学生在学习中通过课程与人类历史上的伟大灵魂进行对话，最重要的是获得精神和价值的引领。但遗憾的是，目前的学校教育特别是历史教育没有对此给予足够的关照，在学生的历史知识增长的同时，其精神世界没有得到应有的关照，历史学科的教育价值遭到了弱化。心灵时空反映了一个时代的人的精神状况，作为历史学科的核心素养，心灵维度的时空观念应转换为对一代人的公民素养和道德品格的关注，应通过必要的历史省思，以审美的视角对待历史，批判假丑恶、弘扬真善美，构筑未来公民的精神大厦。人类心中的目标、企望、意识汇合成历史发展的动力，聚集成影响人类活动的力量，历史学科教育正是以对心灵的影响和对精神世界的培育展现其价值。我们毫不怀疑，在全民族抗战时期，中国人民有着共同的心灵时空。优秀的中华儿女愿意以生命捍卫国家的尊严，保家卫国成为全民族的共同呼声，这一时期中国人民的心灵时空反映了一个民族的精神品格和情感世界。从国家和民族的视角来看，心灵维度的时空观念理应表现为崇高的爱国主义情感和历史责任感，从总体上建构对统一多民族国家的国家认同，涵养家国情怀，树立实现民族复兴的历史价值观；从建设人类命运共同体的视角来看，人类的心灵时空又应该以国际理解为基础，尊重不同国家的文化和各国人民对本国发展道路的选择，关注人类的共同利益，创造人类的美好未来。

第三节　运用时空观念进行历史评价的审美视角
——以辛亥革命为例

　　时空观念是历史学科核心素养的重要内容，要求学生能从特定的时间和空间背景下去认识历史、理解历史。历史评价主要包括两个方面，一是事实判断，二是价值判断，事实判断追求历史之真，价值判断体现历史之善与美，二者都离不开特定的时空背景。因此，历史评价只有运用时空观念才能客观全面地解释历史为何发生、如何发生、影响如何。

　　运用时空观念进行历史评价离不开审美视角，这是因为历史评价更重要的是价值判断。我们评价历史事件、历史人物的标准就是看人类的社会实践是否符合时代发展潮流，是否推动人类历史进步。历史上的英雄人物之所以被世代传颂，是因为他们的存在对历史产生了重要的影响，他们的行为符合历史发展潮流，他们的精神闪耀着超越时空的光芒，照亮着人类前进的方向。运用审美视角评价历史，符合历史发展的规律性和价值性。人类总是基于现在的价值和未来社会的理想对历史进行评价，评价的目的不在于回顾过去的历史，而在于更好地面向未来。从这个意义上讲，审美性是历史评价的重要特性，是历史评价的重要视角。

之所以选取辛亥革命作为研究案例，呈现历史评价的美学视角，是因为过去对这一重大历史事件的评价一直存在诸多的片面性，主要表现为三个方面：第一是超越历史时空进行评价，不符合历史实际，对历史人物和辛亥革命事件本身都不够客观；第二是对辛亥革命的评价缺少宏大的历史视野，不能在人类社会进步的时代方向上建立历史评价的坐标，进而看不到辛亥革命在推动中国走向民主共和和自由解放的进程中所产生的巨大影响；第三是对辛亥革命历史人物的评价缺少审美视野，对英雄人物身上的真善美的品格，特别是对孙中山等革命党人的家国情怀挖掘不够，在历史评价中缺少价值自觉和审美自觉，对英雄人物身上所展现出来的崇高品格彰显不够，使得历史教育未能真正发挥培养青年一代树立正确的人生观、价值观和世界观的价值功能，新课程改革特别强调的立德树人的价值被弱化。

历史评价是基于历史叙事，在事件的具体联系中建构一个充满价值关怀的历史解释。对辛亥革命的历史评价，应跳出成功与失败的二元论，回到 19 世纪末至 20 世纪初的中国社会情势和世界历史进程中去理解辛亥革命的价值，将其置于由过去、现在和未来三者构成的价值时空中，让辛亥革命的意义在中国现代化、民主化的进程中得以充分敞现。

梁启超认为，"历史所以要常常去研究，历史所以值得研究，就是因为要不断地予以新意义及新价值以供吾人活动的资鉴"。① 历史评价本质上是对历史价值的认识，是在特定的时空语境下，对史事进行的价值判断和意义阐释，从中发现历史规律，总结历史经验，获得新的启示。为了达到这样的目的，历史研究必须基于史实而又超越史实，尝试建立史实之间的逻辑联系，形成具有意义指向的历史叙事。历史评价就是要基于历史叙事，在事件的具体联系中建构一个充满价值关怀的历史解释，从而让历史中的事件复活，让历史对现在和未来发生意义。

从成功和失败的角度阐释辛亥革命的意义，非常容易将学生引向不分主次的"辩证"，丧失历史评价的科学性和方向性。事实上，如果从较长时段来观察一场革命的发生和结果，其如何演进都不是人为的任意选择。评价一场革命也不能仅仅从当时的过程和结果进行孤立的判断，而是要以更开阔的视野，跨越历史时空，在更长的历史进程中进行审视。就如新航路开辟这样的历史事件，只有将其放在人类文明发展的长河中，才能使得看似普通的航海活动获得贯通人类历史进程的深远意义，从而赋予其开辟崭新时代的历史价值。运用时空观念评价辛亥革命，就需要将其置于具体的时空语境下进行考察，引导学生建构辛亥革命中的重大事件与社会环境之间的关联，在复杂的历史背景下明晰历史发展大势，在大时代中对辛亥革命的价值进行客观判断，让这一重大历史事件所彰显的时代性、价值性得到弘扬，把以孙中山为首的资产阶级革命党人对国家的深厚情感和个人的使命担当转化为青年一代热爱祖国、担负起中华民族伟大复兴使命的坚定信念。

---

① 梁启超：《中国历史研究法》，129 页，上海，上海人民出版社，2014。

一、资产阶级革命党人为什么要对袁世凯让步

持辛亥革命失败论的学者和一线教师的主要观点是：辛亥革命的果实落入袁世凯手里，辛亥革命没有完成反帝反封建的任务，辛亥革命是一场失败的革命。显然，判断辛亥革命是否是失败的，取决于如何理解以孙中山为首的资产阶级革命党人为什么对袁世凯让步并推举他为中华民国临时大总统。如果是由于革命策略的失误、革命者主观的软弱，那么我们可以判定这是一种因革命方式不当而导致的革命失败；如果是由于革命的时机还未成熟，那么这就不能说是革命的失败，而是革命的必然结果。笔者认为，辛亥革命的情况显然属于后者。

（一）辛亥革命爆发后面临的形势十分严峻

以孙中山为首的资产阶级革命党人接受了袁世凯的南北议和的倡议，对袁世凯作出让步。这是因为资产阶级组成的革命力量相对弱小，而袁世凯的实力非常强大，他受到出于自身利益考虑的帝国主义的支持，成为各方都接受的能稳定局面的人物。辛亥革命爆发后的形势发展，远远超出各方面的预料：一方面，各省纷纷独立，制造了大厦将倾的形势；另一方面，革命的对立面——帝国主义、立宪派和旧官僚都异常强大（见图 4-1），革命面临着南北战争、帝国主义干涉等多种威胁。正如孙中山 1911 年从海外回国途中在与胡汉民、廖仲恺的谈话中指出的："革命骤起，有不可向迩之势，列强仓促，无以为计，故只得守其向来局外中立之惯例，不事干涉。若我方形势顿挫，则此事正未可深待。戈登、白齐文之于太平天国，此等手段正多，胡不可虑？"[1]因

---

[1]　王建朗、黄克武：《两岸新编中国近代史（民国卷上）》，27 页，北京，社会科学文献出版社，2016。

此，对于革命党人来说，为了实现其革命目标，只能选择尽快恢复秩序，维护并尽最大可能扩大革命成果。革命势力如果非常强大，有足够的把握迅速推翻清王朝的统治并战胜袁世凯，顶住帝国主义的压力，尽快稳定秩序，巩固革命成果，当然是最好的。这样就不需要"南北议和"，也不需要对袁世凯让步。但当时革命势力没有这样的实力，需要作出更理性的选择。因此，袁世凯就任临时大总统并非意味着革命的失败，而是革命在当时的最好选择。

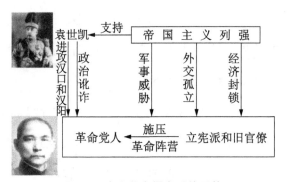

图 4-1　辛亥革命爆发后的形势

（二）革命与妥协都是实现革命目标的手段

革命采取何种方式，取决于革命所处的情势和革命的目标。19世纪末20世纪初，中国资产阶级革命担负着反对封建专制、实现民主共和的使命，而当时面临的复杂形势决定了中国革命的复杂性。对历史事件和历史现象进行科学评价和深刻理解，需要运用时空观念。在20世纪初的中国，民族资本主义发展不够充分，资产阶级自身的力量有限，对帝国主义干涉中国革命的担忧、资产阶级以及广大民众希望尽快恢复社会秩序的愿望等共同构成了当时中国革命的复杂局面。就连革命派领导人黄兴也致书袁世凯："明公之才能，高出兴等万万。以拿破仑、华盛顿之资格，出而建拿破仑、华盛顿之事功。"①英国政府致电驻北京公使朱尔典说："我们对袁世凯怀有很友好的感情和敬意……有一个强有力的政府，使在中国建立起来的贸易获得进展。"②可见，革命派作出让步，推举袁世凯为临时大总统，又岂是"软弱、妥协"所能尽言？经过审时度势，在暴力革命后最大程度地恢复社会秩序，作出一定程度的让步，争取更大的民主政治成果，这在当时的中国是无奈的也是理性的选择。正如列宁所说："对于一个真正的革命家来说，最大的危险，甚至也许是唯一的危险，就是夸大革命性，忘记适当地和有成效地运用革命方法的限度和条件……不能最冷静最清醒地考虑、权衡和检查一下究竟应该在什么时候、什么环境、什么场合采取革命行动，应该在什么时候、什么环境、什么场合转而采取改良主义的行动，那他们就最容易为此而碰得头破血流。"③当时的资产阶级承担着推动中国社会在世界性与现代性变革潮流中不断前进的使命，但革命未必一帆风顺，往往要经历反复。英国资产阶级革命和法国大革命都经历了反复的过程。英国资产阶级和新贵族把查理一世推上断头台和邀请荷兰执政威廉回国都是革命的手段，同样符合历史发展的规律——螺旋上升，总体方向不断向前。在辛亥革命爆发后，资产阶级对时局作出了恰当应对。总体看，辛亥革命是在低烈度革命的状态下进行的，避免了大规模战争对社会的破坏，维护了国家的统一。

①　［美］石约翰：《中国革命的历史透视》，140 页，北京，中国人民大学出版社，2011。

②　胡滨：《英国蓝皮书有关辛亥革命资料选译（上）》，60 页，北京，中华书局，1984。

③　中共中央马克思恩格斯列宁斯大林著作编译局：《列宁选集》第四卷，575～576 页，北京，人民出版社，1972。

二、辛亥革命的果实真的被袁世凯窃取了吗

当得到了孙中山推举其为临时大总统的明确表态后，袁世凯同意了迫使清帝退位、赞成共和等条件，并顺利当上了中华民国临时大总统。若因此认为"辛亥革命的果实被袁世凯窃取了，辛亥革命失败了"，这显然是以谁当上了新政权的统治者为标准来判断一场革命的成败，而没有从当时革命的复杂形势这一时空环境出发，也没有看到辛亥革命对整个近代中国历史进程所产生的重大推动作用。

从辛亥革命进一步发展的成就看，其沉重打击了封建专制制度，对帝国主义在华利益也形成了根本动摇。清政府被推翻，结束了两千多年的封建君主专制，中国历史上第一部资产阶级民主宪法颁布，三权分立的政治体制确立，宪政思想影响深远，民主共和观念深入人心，帝国主义再也不能像以前那样稳固地维持其在华利益。"在评价辛亥革命的成果、分析辛亥革命的成败的时候，人们往往注意到了辛亥革命未能改变旧中国的社会性质和人民的悲惨境遇的局限，但是，辛亥革命为中国的进步打开了闸门，使反动统治秩序再也无法稳定下来的功绩，则有时被淡化或忽略了。"①对于辛亥革命的结局，有学者有过如下评价：

> 辛亥革命在实行暴力的同时，实际上对分寸、阶段的把握还是比较准确，也就是说它对为什么实行暴力有所考量，并且在实行过程中富有理性。因为问题错综复杂，关系到方方面面，比如

---

① 步平：《在时空背景下理解辛亥革命的历史意义》，载《近代史研究》，2011(4)。

对胜与败的理解，破与立的转换，局部与大局的处理，效果与成本的比较，目标与可能性的衡量，革命与列强态度的变化，内部凝聚力与动力保持问题，应该说革命党人基本做到了保持清醒、审时度势，有原则斗争，同时也有理性适度的妥协让步，而这一切的转换全取决于实力以及实力的转换。[①]

对于资产阶级革命派，自然可以批评其面对敌对势力时缺少彻底革命的勇气，对帝国主义抱有幻想，对袁世凯缺乏清醒的认识。但资产阶级的这些"软弱"说到底是因为在半殖民地半封建社会的旧中国，资本主义这种生产方式没有得到充分发展，而帝国主义和封建势力过于强大。必须看到，辛亥革命的爆发极大地加快了中国革命的进程，在较短的时间内完成了对旧秩序的破坏和打击，其程度是以往的革命所无法比拟的。在中国两千多年的封建社会里，激烈的社会革命时而爆发，将皇帝赶出皇宫的事情时而发生，但历史依然在王朝更迭中缓慢向前。而自武昌起义爆发（1911 年 10 月 10 日）至清朝灭亡（1912 年 2 月 12 日），短短 4 个月的时间，就完成了推翻清政府、建立资产阶级共和国的任务，革命形势席卷全国，清朝统治土崩瓦解。这是辛亥革命当时最大的果实，这个果实任何人都无法窃取，这个果实也符合以孙中山为首的资产阶级革命派所追求的三民主义的要求。如果说袁世凯窃取了辛亥革命的果实，那也仅仅是窃取了辛亥革命后统治中国的权力，并非革命果实本身。从辛亥革命产生的影响看，其留给后来

① 王建朗、黄克武：《两岸新编中国近代史（民国卷上）》，2 页，北京，社会科学文献出版社，2016。

历史的宪政思想、民主共和的观念都极其宝贵。它以暴力推翻了帝制，代之以民国，为历史打了一个用铁和血铸成的句号。只有漫长的历史才能称量出这个句号的真正意义和重量。因此，评价辛亥革命的意义必须从当时的社会时空背景出发，看它对国家和社会进步的贡献、为社会发展创造的条件和契机、对历史发展进程的巨大推动。可以说，辛亥革命并非只是打落了一顶皇冠，而是开辟了中华民族振兴的近代化希望之道路。

三、辛亥革命未能解决的问题是什么

在超越成功与失败的二元论、全面认识辛亥革命在中国近代社会进步中发挥的积极作用的同时，我们需要客观分析辛亥革命未能完成的任务是什么以及未来的中国革命还需要解决哪些问题。这显然比"辛亥革命失败了"这一历史评价更有价值。

如学者瞿骏所说，辛亥革命是"城市里的革命""洋世界的革命"和"口岸革命"，农村的封建生产关系并未受到真正的冲击。这并不是辛亥革命失败的注解，反而恰恰说明辛亥革命时期的中国革命任务异常艰巨，不能幻想、苛求以一场革命进行彻底的解决。鲁迅的作品《阿 Q 正传》中有一段描写，可以加深我们对当时中国农村革命状况的了解：

> 未庄的人心日见其安静了。据传来的消息，知道革命党虽然进了城，倒还没有什么大异样。知县大老爷还是原官，不过改称了什么，而且举人老爷也做了什么——这些名目，未庄人都说不明白——官，带兵的也还是先前的老把总。

在半殖民地半封建社会的旧中国，一方面，封建势力异常强大且根深蒂固，中国广大农村的生产关系并未发生根本的改变，革命势力还远没有渗透到那里；另一方面，帝国主义虎视眈眈，在清政府被推翻后重新寻找代理人，中国社会不久就进入了军阀割据的局面中。这些都说明了中国革命必须要经历更艰苦、漫长的过程，并非像俄国一样通过一场城市革命就可以解决问题。苛求辛亥革命在当时有一个彻底的解决，即彻底地完成反帝反封建的革命任务，简直是乌托邦式的革命幻想，是超越历史发展阶段的不切合实际的天真想法。历史选择并非由一个理想化的愿望所决定，任何事后的讨论都应该回归历史现场，观察其发生的原因、进程及影响，而不应脱离具体时空作臆测与推理。① 从辛亥革命时期的国情出发，当时的资产阶级是无法完成反帝反封建的革命任务的。这是由阶级和时代的局限所决定的，不应该苛求当时以孙中山为首的资产阶级革命势力。他们坚定地推进中国民主化进程的政治信念以及屡败屡战、不言放弃的执着态度，是中华民族革命精神的体现，也是历史留给我们的宝贵财富。

辛亥革命告诉我们，资产阶级的局限决定了他们无法完成反帝反封建的革命任务，这一任务应该由新的阶级以新的指导思想和斗争方式来完成，这一历史使命落到了无产阶级的肩上。中国共产党成立后，以孙中山为首的资产阶级革命势力顺应历史潮流，以"联俄、联共、扶助农工"这一新三民主义思想积极与中国共产党进行合作，共同推动国民大革命运动。"乡村里的革命""土世界的革命"和"内陆革

---

① 王建朗：《如何看待近代中国的革命与改良》，载《光明日报》，2017-02-17。

命"逐渐得到实践，中国最终在中国共产党的领导下取得了新民主主义革命的胜利。辛亥革命无疑开启了中国历史发展的伟大进程，新旧民主主义革命前后相继，波澜壮阔，共同书写了中国革命的壮丽篇章。

在历史的语境下，时空的实质是人类实践的成果，人类生生不息的历史进程赋予特定的历史时空以意义和价值。因此，认识历史现象、理解历史意义、进行历史解释都必须回到特定的时空背景下，从具体的历史时空出发进行历史叙事。以马克思主义唯物史观为指导，从生产力与生产关系的辩证关系出发去探寻历史规律，获得对历史事件的全面把握。"历史知识不是由对显露出来的历史显象的叙述构成的，而是由对内在的蕴藏于历史显象之中的历史本质的揭示、诠释构成的。"[1]对辛亥革命进行历史评价，一方面需要回到现场，从特定的历史时空背景出发，建立历史事件的联系，找出历史发展与当时社会情势之间的复杂联结，厘清史实，洞察本质；另一方面需要立足现在，面向未来，将历史评价置于由过去、现在和未来三者构成的价值时空中，让辛亥革命的意义在中国的现代化、民主化进程中得以充分敞现。

辛亥革命的评价问题非常集中地体现了在历史评价中正确运用时空观念的重要性，历史评价要将历史事物放在特定的时代背景下进行，正确认识时代对人类实践提出的要求，看到特定时代的历史事件、历史人物活动的重大时代意义。

---

[1] 周祥森：《历史本质理性解释与历史显象感性描述——关于新时期史学方法论史研究的若干思考》，载《社会科学论坛》，2013(4)。

　　运用审美的视角评价辛亥革命，符合马克思主义唯物史观关于人类历史合目的性与合规律性相结合的重要判断。孙中山等中国民主革命的先行者顺应时代潮流，推动中华民族的民主化进程，彰显出伟大人物推动历史前进、争取民族独立与自由的卓越贡献。

专题五　历史教学中艺术理解的美学视野

　　艺术具有历史属性和审美属性，艺术史既是历史学科的重要组成，又是丰富历史课程与教学论学科的重要视角。在历史教学中进行艺术理解，是建构历史理解和解释的重要途径。历史教学中艺术理解的美学视野是基于对历史美学特质和艺术本质的认识，建立历史与艺术的深度关联，探索在历史教学中进行艺术理解的美学理论与方法。历史本体充满美学旨趣，艺术具有历史属性和审美属性，应该从人与自然、人与社会、艺术与文化等视角对艺术理解进行审美建构。历史教师应该重视中外艺术史理论和图像学的研究，传承中华优秀传统文化，培养学生的人文精神与审美素养。历史教师还应该加强艺术史的研究，丰富历史教学理论，为学生创造更加丰富的历史研究视野，让历史课堂彰显文化魅力和审美精神。

第一节　艺术的历史属性与审美属性

历史"既包含既往的事件与行为，又包括对既往事件与行为的认识与理解"①。历史研究视域的艺术理解不同于纯粹艺术专业视角的艺术理解：纯粹艺术专业视角的艺术理解更多地从艺术的手法、表现形式等角度来分析艺术，重在研究艺术本身；而历史研究视域的艺术理解则从艺术史的理论出发，探寻艺术与历史的关联，重在研究历史本身。艺术的历史属性体现在艺术一方面反映历史本体的存在，另一方面反映人们对历史本体世界的理解。艺术从根本上说是历史存在的反映，艺术的审美属性源于历史本体的美学内涵。

一、艺术的历史属性

艺术的历史属性是指艺术对客观历史的承载以及艺术对历史的反映。从艺术史角度出发，艺术本身就是历史的重要组成部分，是历史中的艺术；从艺术的本质出发，艺术是人对自身对象化世界的直观呈现，反映丰富的历史文化。《现代汉语词典》对"艺术"的解释是："用形象来反映现实但比现实有典型性的社会意识形态，包括文学、绘画、雕塑、建筑、音乐、舞蹈、戏剧、电影、曲艺等。"②这一解释的关键是阐明了艺术是现实的反映，是一种意识形态。而意识形态是历

---

① 陈赟：《从思辨的历史哲学、批评或分析的历史哲学到文明论的历史哲学》，载《同济大学学报（社会科学版）》，2018(4)。
② 中国社会科学院语言研究所词典编辑室：《现代汉语词典》，1551 页，北京，商务印书馆，2018。

史的产物，属于历史范畴。一个时代的艺术只能是这个时代的反映，来源于这个时代，而不能是其他任何内容。① 马克思关于艺术有三个命题：艺术是一种掌握世界的方式（见《政治经济学批判导言》），艺术是一种精神生产（见《资本论》），艺术是一种意识形态（见《政治经济学批判导言》）。这三个命题，深刻地阐释了艺术对人类历史反映的深刻性和全面性，其中第一个命题显然是更根本的。这种掌握不能通过别的方式，只能基于人类的物质生产方式对人的本质力量的彰显。艺术的对象实质上就是人创造的世界，艺术表现的是人类历史本身。

不仅艺术反映的对象是人类社会的历史实践，具有历史性，人类创作和欣赏艺术的心理机制和能力也是人类社会的历史实践的产物。人类面对自然束缚和社会阶级压迫进行艰苦斗争的过程，就是人类为了获得自由与解放而奋斗的过程。在这一斗争过程中，总的进程是人类利用自然的能力在不断增强，人类社会文明程度在不断提高，人类拥有的自由也在不断扩大。在自由的不断实现以及为自由而斗争的过程中，人感受到审美愉悦，而艺术往往就是这种审美愉悦的表达。艺术是人的自我创造或自我实现的过程和结果的反映，是人在其所创造的外在世界中直观自身的体现。人类社会生产过程不仅实现了对自然的改造，也不断实现着对自身的改造，即内在自然的人化。"内在自然的人化，是指人本身的情感、需要、感知、愿欲以至器官的人化，使生理性的内在自然变成人……使主体心理获有审美情感。"② 在此基

---

① 闫国忠：《试论美学的第三次历史性综合——为纪念〈马克思主义美学研究〉创刊 20 周年而作》，载《马克思主义美学研究》，2017(1)。

② 李泽厚：《华夏美学·美学四讲》，313 页，北京，生活·读书·新知三联书店，2008。

础上，人的理想、信念和追求不断萌生和丰富，艺术正是基于物质材料把人的主观观念和追求变为可感知的对象。如中国古代的青铜器、玉器，除了具有实用性的功能，其花纹与造型，也显示出人类在当时的社会背景下对世界的理解，体现出人们的精神文化追求。

二、艺术的审美属性

艺术的审美属性是艺术本体的美学特质。艺术是人对象化的产物，彰显出人类的本质力量，体现了人对自由的追求。黑格尔曾经提出这样的问题：是什么需要使人要创造艺术作品呢？他对此的回答是：因为人有一种冲动，要在直接呈现于他面前的外在事物之中实现他自己，而且就在这实践过程中认识他自己。黑格尔认为，艺术之所以存在，是因为艺术是人心灵对人自身的复现，是观念的产物。尽管黑格尔关于艺术源于绝对理念的观点需要批判，但其对艺术审美性的分析非常深刻。人与动物的最大不同在于人能够通过思想观念体现对自身的思考，而艺术正是"我思故我在"的体现。因此，呈现在人面前的艺术作品是心灵渗透其中的充满精神性的作品，人在艺术作品中实现了对自我的重新塑造，体现出更高层次的追求。黑格尔对此进一步论述：人这样做的目的在于要以自由人的身份去消除外在世界的那种顽强的疏远性，他在事物的形状中欣赏的只是他自己的外在现实。可见，艺术的美是人只有追求个性才能自由发展的反映，是人对自由的追求的表现方式。人面对自己创造的"作品"时会产生惊奇、满足和愉悦等情绪，正是人的满足和愉悦引发了人从事艺术创作的需要。这是一种源于现实而又高于现实的需要，这种需要就是人的审美需要。

艺术根源于人对世界的审美追求，人要体现自身创造的力量，激励自己不断克服困难，去追求更高层次的自我满足和愉悦，艺术创作正是对这一需要的满足。"艺术所反映的生活是极其广阔的。不论任何生活现象，只要它表现了人改造世界、创造自身生活的力量，只要艺术家善于把它作为人的生活的创造的表现，作为人自身的'作品'去加以感受、直观，进而在直观的形态中揭示出人的生活的本质，那就可以成为艺术的对象。"①这里所说的艺术的"直观"，是指主体对自己创造的外部世界的直观，是人对自身创造的世界的审美活动。因此，艺术所反映的对象只能是人运用自己的客观力量（大脑不断发育完善，身体机能增强）和主观精神所创造的世界。从这个意义上说，艺术的美不仅仅是外在形式所呈现的外在美，更在于其精神性。艺术依赖形与神、意与象、情与景的相互结合、渗透，是由其形式与精神共同构成的审美意象。从总体上说，艺术的审美性是基于人创造艺术作品并对艺术作品进行赏析，从中获得艺术的熏陶、审美的感受和精神的愉悦，其本质正是人对自身本质力量的欣赏。

第二节　历史教学中艺术理解的三个维度

艺术表达着人类对自由的追求，体现出人类对世界的依恋和超越，对历史的理解和解释无法逾越艺术理解的视角。历史教学的美学视野是从历史本体的审美性和艺术美的本质出发，让历史教育彰显美

---

①　刘纲纪：《美学与哲学》，169页，武汉，武汉大学出版社，2006。

学精神，实现对人的精神世界的深层关照，以建构基于艺术理解的历史美学。在历史教学中，艺术理解具体从以下三个维度进行。

一、从人与自然的关系的维度理解

人类对自然界的改造彰显了生命的本质，人只要存在，就无时无刻不与自然发生关系。人类社会的历史进程是人与自然的关系不断演变的历程。艺术表达的思想观念很大一部分源于人与自然互动的关系。人受到自然的制约，同时也运用规律，通过劳动改造自然，把自然变成人期待的人化的自然，使艺术总体上表现出人与自然的统一。首先，人与自然环境相互作用，形成具有民族特色的艺术风格。丹纳在《艺术哲学》中将自然环境作为重要因素来分析古希腊艺术风格的成因。他在分析古希腊的雕塑艺术成因的时候认为，艺术家们"所注意和特别喜爱的，是表现力量，健康和活泼的形态和姿势……三四百年间，雕塑家们就是这样修正、改善、发展肉体美的观念。所以他们终于能发现人体的理想模型是不足为奇的"①。希腊人为什么具有"健康和活泼的形态和姿势"呢？对此，丹纳认为，希腊人面向大海，天空蔚蓝、浪花朵朵，生活在这样和谐优美的自然环境下，"所以希腊人有那种欢乐和活泼的本性，需要强烈的生动的快感，是毫不足怪的"。不仅古希腊地区如此，历史上农耕文明与海洋文化、农耕文化与游牧文化之间存在的显著差异，也都可以充分说明环境对艺术的影响。其次，人类利用自然的能力影响特定阶段的艺术形式。原始社会的生产力水平十分落后，自然条件与人的生存质量高度相关，人们为了更好

---

① ［法］丹纳：《艺术哲学》，58 页，北京，生活·读书·新知三联书店，2016。

地生活，必须不断地与自然抗争，同时又对自然充满了依赖、敬畏，产生原始的图腾崇拜。与此相适应的与巫术礼仪相关的原始歌舞则是人们表达对自然的敬畏的一种方式，这种方式又反映出那个时代人们的审美观念。李泽厚认为，"1973 年发现的新石器时代彩陶盆纹饰中的舞蹈图案，便是这种原始歌舞最早的身影写照……它并不像今天表面看来那么随意自在。它以人体舞蹈的规范化了的写实方式，直接表现了当日严肃而又重要的巫术礼仪，而绝不是'大树下''草地上'随便翩跹起舞而已"①。这些反映原始歌舞活动的图案实际上是人们当时的观念意识的表达，舞蹈的姿态、歌唱的旋律、各种仪式的设计等都代表着那个时代的审美和艺术。身体的跳动（舞），口中念念有词或狂呼高喊（歌、诗、咒语）、各种敲打齐鸣共奏（乐），本来就在一起，这些艺术形式组合到一起，代表着物质生产方式相对落后的状态下人们观念的自发性、自然性、混沌性。最后，艺术的审美性来自人与自然的亲和程度。人与自然的审美关系不是指人战胜自然的功利性追求，而是指人与自然和谐相处并不断实现更高水平的统一的愉悦性。我们面对都江堰这一至今仍发挥作用的人类文明会升腾起对祖先智慧的敬佩之情，长征的艰难险阻在毛泽东笔下却是"五岭逶迤腾细浪，乌蒙磅礴走泥丸"，这些"主体情感与对象形式之间的共鸣，乃是人的目的与自然规律统一的体现，是人与自然实现和谐相容的体现"②。人与自然的审美关系体现的就是人在自然面前实现的自

---

① 李泽厚：《美的历程》，14～15 页，北京，生活·读书·新知三联书店，2009。

② 万斌、王学川：《论历史美的本质与特征》，载《江海学刊》，2007(4)。

由的程度，人对自然的直观实际上是人对自身创造的直观，体现的是人与自然的统一。

二、从人与社会的关系的维度理解

如果要真正了解艺术品或艺术家，就离不开对艺术品或艺术家所在的社会状况的了解。对艺术精神的理解总是经由个体来理解群体，这是因为个体的观念和理想是社会群体的反映，个体又总是受群体的社会制约。首先，个体性的艺术是社会群体情感的反映。从个人与社会的角度来说，艺术作品所表达的个人的感情、愿望、认识等，绝不仅仅是属于艺术家或者艺术家所反映的个体的感情、愿望、认识，它包含着特定群体或整个人类的共同的情感追求，是个体与社会的统一。艺术具有个性化的特点，它往往以个性化特征为表现手段，表现个人的情感，如艺术家创作的美术作品中的人物往往会鲜明地表现出个人的喜怒哀乐，达·芬奇的《蒙娜丽莎》、大卫的《马拉之死》、凡·高的《向日葵》等著名画作，都以个性化的艺术表现让人印象深刻。但如果对这类艺术图像的解读仅仅从个人出发，那就忽略了个人所承载的普遍性。恩格斯曾指出，单独的个人会以为他的情感和观点就是他的行为的真实动机和出发点，其实他的情感和观点是由他所生活的社会关系历史地决定的。恩格斯的观点说明，艺术中的个人所代表的是具有普遍意义的社会群体的情感面向或价值取向，受制于社会整体发展的水平。其次，个体性的艺术动因根源于社会发展的内在需要。在文艺复兴时期，意大利的绘画艺术达到顶峰，这一时期的艺术繁荣反映出资本主义萌芽时代西方的整体气象。之所以仿佛一夜之间诞生了那么多传世的经典作品，贡布里希认为是因为"各城市之间相互竞争，都想把最伟大的艺术家拉来为自己服务，美化自己的建筑，创作流芳百世的作品……接踵而来的是伟大的发现的时期，意大利艺术家开始求助于数学去研究透视法则，求助于解剖学去研究人体的结构"①。贡布里希从城市发展、自然科学进步等角度分析了意大利艺术兴盛的原因，丰富了我们对文艺复兴时期的认识。个体存在于社会之中，人的活动具有社会性，社会对个体来说既是个体存在的条件，也制约着个体的自由。从具体的作品看，无论是古希腊的人体雕塑还是中国魏晋以来莫高窟的雕塑和绘画艺术，无论是文艺复兴时期的圣母像还是中国北宋时期的文人画，都无一例外地表现出社会群体对自由的渴望，这也是人对幸福和自由的追求的表达。因此，我们理解艺术所表现的个体内心深处的真正渴望和外在行为的动因，不能仅从个体身上的点滴和琐碎的孤立的因素去考虑，需要从个体所处的时代的潮流中去把握，理解艺术是人类对自由的渴望，这也反映了人与社会的对立统一。最后，要从艺术对社会的巨大价值入手来理解艺术。艺术是艺术家对生活理想的审美表达，归根到底，艺术是表达人类的理想的。艺术的品质在于它高于现实生活，将表达对象的特征进行艺术加工，至少是重要的特征，要表现得越占主体地位越好，要越显明越好。因此，艺术是一种创作，当它创作的形象、表达的理想经过人们的欣赏、领悟转化为人们为真理而斗争的强大力量的时候，便实现了对社会发展的推动。从这个意义上讲，艺术体现历史的社会美，人类通过艺术彰显生命的力量，推动人类历史不断向前发展。

---

① ［英］贡布里希：《艺术的故事》，287页，南宁，广西美术出版社，2008。

三、从艺术与文化的关系的维度理解

首先，从艺术理解中把握中华优秀传统文化精神。与传统史学注重政治史的叙事、以为统治者提供鉴戒不同，艺术史的视野可以呈现各民族历史更加丰富多彩的一面，反映各民族的价值追求和审美观念。艺术是文化的承载，对艺术的理解有助于更好地传承中华优秀传统文化。中华优秀传统文化很大程度上是通过留存至今的艺术图像或艺术作品来呈现的。如唐代艺术史家张彦远将艺术的地位提升到“有国之鸿宝，理乱之纲纪”的高度，深刻论述了艺术(图像)的文化意义：“故鼎钟刻则识魑魅而知神奸，旂章明则昭轨度而备国制，清庙肃而罇彝陈，广论度而疆理辨。以忠以孝，尽在于云台；有烈有勋，皆登于麟阁。见善足以戒恶，见恶足以思贤。留乎形容，式昭盛德之事；具其成败，以传既往之踪。”①这些根植于中华文化精神的艺术符号，是中华优秀传统文化的重要内容，有的至今仍发挥着民族精神文化标识的作用。对集中表达生命活动和精神境界的中国艺术的鉴赏，需要深刻理解中国传统文化关于人生的价值主张。中国传统哲学中，儒家思想的“人伦之道”、道家思想的“自然之道”共同形成了积极有为、刚健不息的“入世”的人生路向和清静无为、顺其自然的“出世”的人生选择。中国士人深受中国传统哲学思想的影响，一方面具有“穷则独善其身，达则兼善天下”的价值追求和“士不可以不弘毅，任重而道远”的使命担当，另一方面也有一种道家的退隐情结，一旦在现实中遭受打击，往往就会转而寄情于山水之间，享受渔樵之乐，以笔墨诗歌表

① (唐)张彦远：《历代名画记》，2页，沈阳，辽宁教育出版社，2001。

达对理想人生和社会的向往，同时又与现实世界保持一定的距离。对唐以来的文人画、山水画等艺术作品的理解，不仅需要从当时艺术家的个人经历、社会背景来考察，而且需要从中国传统哲学精神的内涵来把握。中国古代诗歌、绘画、书法等艺术是中国人的精神文化世界的反映，传递着中国人对自然、社会和人生的理解。

其次，通过艺术理解多样文化，认识世界文明的多样性，加强文明互鉴。要理解各国文化艺术必须了解各国历史文化传统，从各国社会发展的情境出发。比如，我们如果不深入了解 19 世纪俄国面临的民族忧患和农奴制背景下俄国劳动人民的苦难，就无法理解列宾的《伏尔加河上的纤夫》所表达的人们对美好生活的向往。再如，19 世纪末以来西方艺术家重视色彩、线条、光线等的艺术风格，对印象画派产生较大影响。刘纲纪教授从资本主义社会的深层危机入手来分析这一转向的原因，他在《美学与哲学》一书中指出，自 19 世纪末以来，除了俄国等少数国家外，资产阶级的艺术家很少再揭露批判资本主义社会黑暗和不合理现象，其中很多人看不到资本主义的社会问题求得解决的现实途径，对这些问题完全失去了兴趣，于是他们的目光就从现实转向了艺术的形式，给人以精神的安慰和解脱的世界。刘纲纪教授的分析有助于我们更深刻地认识艺术与现实社会的关系：艺术形式的转向反映了资本主义社会的信仰危机。可见，真正的艺术理解，必须回到文化的时空语境当中。艺术是特定时代的反映，是艺术家对社会前途和个人命运的深刻思考的表达。

人与自然的关系、人与社会的关系和艺术与文化的关系是我们在历史教学中进行艺术理解的三个维度，也是历史研究视角下的艺术理解方法。上述三个维度共同彰显了艺术对人类命运的审美关怀，体现出人类历史不断进步的总方向和总趋势。

第三节 历史教学中进行艺术理解的教学建议

《普通高中历史课程标准(2017 年版 2020 年修订)》为高中历史教学确定了明确的目标，即坚持落实立德树人根本任务，形成历史学科核心素养。古今中外人类创造的艺术承载着不同文明的密码，蕴含着深厚的文化精神和价值。历史教学要重视艺术理解，让艺术传承文化、涵养价值。

首先，历史教学要努力开拓新视野，以美学精神统领其理论与实践。历史教师应该重视中外艺术史理论和图像学的研究，加强对艺术史的研究。梁启超曾就史学改造问题谈道，今日所需之史，当分为专门史与普遍史之两途。专门史如法制史、文学史、哲学史、美术史等，普遍史即一般之文化史也。[①] 作为文明史的重要内容，美术史因其所承载的民族文化精神价值和史学研究价值而受到学者的重视。历史教师要充分发挥学科优势，讲好艺术史，运用好艺术史料，将文字文献与图像文献相结合，获得对历史的全面把握和深刻理解。历史遗迹经过漫长的岁月变得残缺，其中能够被发现、利用的微乎其微。如何让幸存下来的历史遗迹重现生机并能呈现历史中曾经的生动？这需要我们去小心唤醒。与自然科学的研究不同，历史对往昔的理解并非

---

① 梁启超：《中国历史研究法》，37 页，上海，上海人民出版社，2014。

以获取问题的确定性、客观性事实为目标，而重在通过对遗物、过往图像的解读，理解过去人们的物质生产方式和生活样态，自然也包括过去人们的情感和精神。正如黑格尔所言，为绘画的高度完美开辟道路，而且使这种高度完美成为必然的正是亲切的情感和身心的苦乐所构成的较深刻的有精神灌注生命的内容意蕴。这就需要我们运用心理学、社会学等多学科视角去理解艺术作品的内容意蕴，丰富和深化对历史的理解。

其次，历史教师要增强学科育人的使命感，在历史教学中提升学生的人文精神和审美素养。历史教育承担着立德树人的使命，党和国家高度重视美育工作，提倡以美育人。习近平总书记在全国教育大会上强调，要全面加强和改进学校美育，坚持以美育人、以文化人，提高学生审美素养和人文素养。审美素养的培育不能仅仅依靠艺术学科来完成，更要渗透到学生的全部课程内容中。笔者提倡的以美学视角来理解艺术，就是要从历史的美学特质和艺术美的本质来进行艺术鉴赏，理解艺术所表达的特定时代人们的思想观念和审美追求，让学生学会用唯物史观理解文化艺术现象，培养学生真善美的人生境界。艺术在培养学生高尚情感和崇高精神方面发挥着独特作用，它歌颂生命的美好，涤荡灵魂的黑暗，反映正确的价值追求和崇高的信仰，有助于民族与社会的进步与发展。统编高中历史教材中有着丰富的艺术史料，其呈现的历史本质上是价值重构。教师要合理利用教材中的艺术史料，充分挖掘艺术中沉淀的文化精神，引导学生树立正确的人生观、价值观和世界观。艺术是中华优秀传统文化的重要载体，教师在历史教学中要提高文化自觉，"引导学生体会、体悟蕴含在传统文化典籍、艺术等中的优美语言、强烈情感和深邃思想"①。教师有责任通过艺术史的教学或者艺术史料的运用践行中华优秀传统文化教育，让青年一代从历史中获得文化滋养，让中华优秀传统文化智慧的光辉照亮人类前进的方向。

最后，在教学中要重视艺术的价值塑造功能，让学生的发展从德性养成走向审美追求。学科育人的实现需要从外部规训走向内在的价值自觉，从应然而然走向自然而然，进入审美境界。第一，要认识到德性价值与学科认知的一体性。学科知识背后隐含的逻辑形式和意义表达、知识获取的过程和方式以及知识所蕴含的使人求真、立善、审美的力量，都体现了知识发展的脉络和知识负载的情感、态度、价值观。进一步说，历史认知与道德本就存在于人类的全部活动之中，对美德的追求同样是人的本体需要。第二，要让学科蕴含的德性要求转化为学生的内在追求。情感道德价值观教育不能仅靠外部的规约和空洞的说教，必须让学生真正从学科学习中获得对学习意义的理解，超越认知，走向自我完善。国家统编教材的编写充分体现了立德树人的要求，如语文学科学习任务群的设计按照整体规划、有机渗透、自然融入的基本思路，让学生在文本学习过程中潜移默化地受到熏陶和感染，丰富人的精神世界，引领人的价值追求。教师要善于建立文本内容与学生生活的关联，重视开发乡土文化课程资源，加强语文、政治、历史等学科的融合教学，让学生对育人主题有深刻的认同。第三，要在学科教学中重视学生的审美精神培育。在学习学科知识的时

---

① 吴为山：《以美育提升人文素养筑牢文化自信》，载《光明日报》，2019-02-01。

候，学生必然从对概念体系的把握走向对价值体系的认识，将知识置于真实情境中去理解，认识到人类运用知识和规律对世界进行改造的过程就是人类追求美的过程，学科的美学意义也由此建立起来。实现学科育人的审美追求需要在教学中努力进行学习内容的审美化改造，从发现学科的结构美、规律美走向感悟学科的精神美、境界美。因而，历史学科的教学显然不能停留在对具体史实的掌握上，要让学生以更加宏大的视野审视人类社会的发展进程，看到人类社会不断向前发展的内在动力是人类对美好生活的追求；要在学科教学中传承中华优秀传统文化，让自强不息、厚德载物的民族精神代代相传；要引导学生从长时段的历史中发现历史趋势并顺应历史潮流，进而看到未来方向，在实现中华民族伟大复兴和构建人类命运共同体的伟大事业中定义自己的人生坐标。

专题六　历史教材中艺术图像的美育价值

　　教材中的图像是为自身而存在还是为文字而存在？图像发挥着怎样的作用？司空见惯的教材图像蕴含着丰富而深刻的教育意图，但由于缺乏必要的图像分析理论和艺术史专业知识，教师对图像反映的历史文化语境缺乏深刻剖析，历史教材中的图像难以在历史解释建构中发挥作用。由于很多教师缺乏对历史图像认识理论与方法的基本把握，图像的作用仍没有真正发挥出来。"图像证史"和"图文互证"实质上属于文献考史范畴，是历史学科核心素养的重要内容。高中历史统编教材的图像十分丰富，本专题以其中的艺术图像为研究对象，尝试对历史教材中艺术图像的类型、历史教材中艺术图像教学的基本范式和历史教材中图像的育人功能进行分析，充分发挥艺术图像的证史功能和育人价值。

第一节　历史教材中艺术图像的类型分析

据初步统计，高中历史统编教材《中外历史纲要（上、下）》共有图像约 380 幅，包括历史建筑遗址遗迹、出土文物、反映重大历史事件的绘画作品和艺术作品、重要历史事件图像、政治军事形势图等。其中，反映历史事件的艺术作品、艺术史范畴的艺术作品（呈现特定时代艺术发展历史的书法、绘画、雕塑等）和重要历史事件图像超过 200 幅。艺术图像的数量之多，足以说明艺术在历史叙事建构中发挥着重要的作用。根据性质，艺术图像可分为偏重于史料范畴和偏重于艺术史范畴（以下简称"史料范畴"和"艺术史范畴"）两大类。史料范畴的艺术图像在教材中的价值不在于艺术本身，而在于对文字具有佐证、渲染和丰富的功能，透过艺术图像可以洞察特定时代的历史；艺术史范畴的艺术图像在教材中的价值在于艺术本身，文字往往是为了说明图像而存在，特定时代的历史通过图像加以反映。

一、史料范畴的艺术图像

史料是认识历史的依据和基础，但由于年代久远，并非所有的史料都能进入人类认识历史的视野之中。在历史研究中，人们可以搜集到并经常运用的史料主要包括历史文献、考古发掘和现存的实物、口述史料、历史图像等。在《普通高中历史课程标准（2017 年版 2020 年修订）》中，对"图像史料研读"作了明确说明：知道绘画、雕刻、照片等图像是重要的史料，选择有代表性的图像史料进行研读。① 这一表述对图像的史料功能给予了充分肯定，但没有对图像类型进行明确区分。不同类型的艺术图像在历史解释建构中发挥的作用是不同的，在历史教学中要注意两种类型的艺术图像的区分。史料范畴的艺术图像以建筑、雕塑、碑刻、古玩、绘画等历史遗迹图像的形式出现在教材中，反映特定历史阶段的政治、经济、文化发展概况，发挥着"图像证史"或"图文互证"的功能。如《中外历史纲要（上）》第 6 页的"何尊及铭文中的'中国'"图像呈现了西周青铜器及铭文的内容，其本身具有艺术价值，可以从当时中国人的审美观念、艺术造型的审美取向、书法艺术的风格等方面进行深入挖掘。但这幅图像在教材中的价值并不是为了呈现这一时期的青铜艺术和书法艺术，而是为了说明周武王灭商的历史和"中国"天下观念的出现。第 36 页的《职贡图》、第 52 页的《雪夜访普图》、第 58 页的《契丹人引马图》、第 64 页的《夫妇对坐宴饮图》等艺术图像在教材中的价值也不在于艺术本身，而在于佐证当时的社会文化生活发展状况。又如，《中外历史纲要（下）》第 2 页的"阿尔及利亚塔西利-恩-阿耶洞穴壁画"和第 4 页的"苏美尔人的战车（绘画作品）"，也是作为史料范畴的艺术图像出现的。作为史料，图像如同文字和口述证词一样，也是历史证据的一种重要形式，应该将这类艺术图像纳入史料范畴进行解读，加强对相关历史事件的理解，而非只对其进行艺术史的考察。

---

①　中华人民共和国教育部：《普通高中历史课程标准（2017 年版 2020 年修订）》，38 页，北京，人民教育出版社，2020。

二、艺术史范畴的艺术图像

艺术史范畴的艺术图像是指为反映特定历史阶段的艺术发展史而呈现出来的艺术作品的图像。历史具有美学属性，历史中的艺术作为艺术的本体存在，反映出人类在特定时空背景下的意识观念、价值追求和审美取向。2007年人教版教材的《古代中国的科学技术与文学艺术》《19世纪以来的世界文学艺术》两个单元重点介绍了中国和世界的艺术发展历史。高中历史统编教材虽然不再以专题的形式集中呈现艺术史内容，但仍单设章节呈现当时的艺术成就，这类艺术图像应该属于艺术史范畴。如《中外历史纲要（上）》第8课介绍了三国至隋唐时期的书法、绘画、雕塑等艺术，用9幅书法与绘画图片图文并茂地介绍了王羲之的《姨母帖》、顾恺之的《洛神赋图》等作品和这个时代绘画艺术的概况，介绍了石窟艺术，呈现了莫高窟壁画《胡旋舞》；第12课介绍了宋元时期的书法与绘画，提供了宋徽宗的《芙蓉锦鸡图》的图像信息。《中外历史纲要（下）》第5课"古代非洲与美洲"（第30页）呈现了《玛雅波南帕克神庙壁画》，这幅作品是用来佐证玛雅文明的艺术成就和宗教观念的，属于典型的艺术史范畴的艺术图像。艺术史范畴的艺术图像能让学生了解中国和世界艺术发展的历史，包括艺术发展脉络、艺术风格流派、艺术与时代的关系等。

对于不同类型的艺术图像，运用的分析方法不同，解读的侧重点也不尽相同，应根据其类型、功能建构合理的历史解释，让不同的图像都能充分发挥作用。

第二节 历史教材中艺术图像教学运用的三种范式

两大类艺术图像虽然都是历史教学中的史料，但它们在历史阐释中却发挥着不同的作用，在教学中也分属于不同的运用范式，即史料实证范式和艺术鉴赏范式。

一、史料实证范式

史料范畴的艺术图像往往在教材的非艺术章节中出现，主要发挥"图像证史"的功能。图像或作为文字的证据，或单独发挥作用。以史料的"身份"出现的艺术图像，分布在教材的各个章节。以《中外历史纲要（上）》为例，在"东汉的兴衰"这一内容中提供了《东汉画像砖中描绘的集市》，作为东汉社会经济发展状况的旁证，形成了对文字内容的补充，让师生对"光武中兴"有了直观的感性认识；在"唐朝的繁荣与民族交融"这一内容中，为了说明唐朝与周边民族的关系，引用了画家阎立本的作品《职贡图》，反映了外国使节和边疆少数民族使臣向唐朝进贡的热闹场面。这幅图像的内容与文字说明关系密切，画面上人物的服饰、贡品的数量、动物的品种等也承载了重要的历史信息。显然，解读这些图像的重点不在于其艺术风格，而在于其承载的历史信息。

在对史料范畴的艺术图像进行解读的过程中，要始终以其史料性功能作为解释尺度的依据。教材中作为史料的美术作品还有《雪夜访普图》《契丹人引马图》《夫妇对坐宴饮图》《清明上河图》《芙蓉锦鸡图》等 20 多幅。史料范畴的艺术图像的功能发挥受教材内容的严格限制，图像解读宜秉持适度的原则，既不可熟视无睹，又不能过度阐释。如对《职贡图》的解读要以佐证唐朝民族关系状况为重点，向学生介绍画面上是外国使节和边疆少数民族使臣拜见唐朝皇帝的情景，服饰的多样化体现了唐朝的开放程度和各民族文化的多样性，从画面人物多、场面浩大则可以看出唐朝的强大以及与周边民族关系的友好。

二、艺术鉴赏范式

艺术史是指艺术发展的历史，与法制史、服饰史、气候史、文字史等专门史一样，是研究历史某一领域的发展概况的。在历史教材中呈现艺术史范畴的艺术图像是为了说明一个时代的艺术发展状况，这些图像具有非常明确的特定时代艺术发展特征的指示作用，让师生对一个时代的艺术有直观的体验。在这里，图像与文字一起完成了对特定时代艺术的历史发展概况的建构。学习和研究某个历史事件时，必须在一定的历史时空环境中去作具体的、动态的分析和把握。[1] 艺术的鉴赏也同样要遵循这一原则，师生在对图像的解读中要侧重于对特定时代的艺术作品风格、艺术与时代的关系的分析，同时兼顾对艺术发展历程的把握，用时空视野理解艺术发展史。在艺术史解读中，教师对特定时代历史发展的重点分析是为了帮助学生理解艺术本身，进而通过艺术来间接理解历史。

《中外历史纲要（上）》"三国至隋唐的文化""辽宋夏金元的经济、

---

[1] 贺千红：《点线结合，内化唯物史观——以〈战后资本主义世界经济体系的形成〉内容教学为例》，载《基础教育课程》，2019(18)。

社会与文化""明至清中叶的经济与文化"这三课，以专题形式介绍了
不同时期的艺术成就。教材中的书法艺术作品《龙门石刻》、颜真卿
《多宝塔感应碑》、顾恺之《洛神赋图》、敦煌莫高窟壁画《胡旋舞》等图
像，都属于艺术史范畴。这些作品需要以艺术鉴赏的范式进行阐释，
回答好图像中有什么、图像反映什么主题、图像产生的时代背景如何
等问题。学生对艺术史发展进程以及相关艺术风格的了解是艺术史范
畴的艺术图像阐释的重要目标。在此基础上，通过艺术风格进一步理
解那个时代物质生产和精神文化的整体状况。"决定艺术面貌的，并
非某种抽象的时代精神，而是生活在过去的那些男男女女，正是他们
创造了我们的历史。"①因此，师生要在整体把握艺术历程的基础上，
深入了解代表性艺术家及其作品，着重研究艺术作品风格与时代的关
系。解读艺术史范畴的艺术图像要兼顾艺术发展的演变过程和艺术风
格与时代境况的关联分析。

三、文化理解范式

历史研究中的图像阐释即艺术理解，服务于对特定时代历史事实
的澄清和对历史全貌的把握。艺术总是属于时代的，带有特定时代的
印记；同时艺术也有一定的连续性，不同的文化相互影响，共同孕育
了艺术的民族性和世界性。正是由于环境、种族、宗教、生产方式等
的综合作用，不同地区、不同时代的文化才呈现出丰富的多样性，艺
术就是这种多样性的重要体现。图像阐释历史的文化视角体现在通过
分析文化对艺术的影响而获得对艺术及其时代的深刻理解，这种影响

①　曹意强：《艺术史的视野》，85 页，北京，中国美术学院出版社，2007。

主要来自艺术所处社会的整体环境和文化的主要特征。

(一)从特定时代的社会文化环境出发进行艺术阐释

从文化发生的总体环境(包含自然环境和社会环境)看，一个民族特定时代的文化特征总是受这个民族所在的自然地理环境和经济社会发展水平影响。人类历史发展呈现出多样性的特点。不同民族在不同的自然环境下，因历史的、现实的原因形成了独特的生存方式和社会治理方式，这是历史"各美其美"的体现。正是不同空间区域自然环境的多样性以及人类与自然交往方式的不同，创造了丰富的历史表现和文化艺术风格。因此，对世界各国艺术的阐释都离不开对特定时代的民族所生活的自然环境和社会风俗的考察。丹纳就是从古希腊商品经济的发展带来的社会物质条件的改善、城邦战争频繁需要强健的身体、崇尚户外体育运动、自然环境和相对自由的城邦制度等方面分析古希腊雕塑艺术为何多以健康、充满力量的裸体男子为艺术形式的，这些因素共同影响了古希腊的艺术。贡布里希认为，文艺复兴时期之所以集中诞生了那么多传世的经典作品，是因为"各城市之间相互竞争，都想把最伟大的艺术家拉来为自己服务，美化自己的建筑，创作流芳百世的作品……接踵而来的是伟大的发现的时期，意大利艺术家开始求助于数学去研究透视法则，求助于解剖学去研究人体的结构"①。他从社会文化、科学发展等角度来分析意大利艺术繁荣的原因，阐释了文艺复兴时期以及这一时期的艺术是社会整体环境共同孕育的结果，这极大地丰富了我们的相关认知。

理解中国古典艺术同样需要从中国文化传统和特定时代的社会风

---

① ［英］贡布里希：《艺术的故事》，287 页，南宁，广西美术出版社，2008。

尚出发。只有了解中国传统文化的基本精神主张，将艺术置于中华优秀传统文化的语境中，才能真正理解艺术的内涵；只有综合看待特定社会政治、经济、文化的综合影响，才能真正理解艺术所展现的历史风貌和文化精神。比如，我们看到唐代男女的头上都插着簪花，唐诗中也有"莫怪杏园憔悴去，满城多少插花人"的诗句，对这些艺术现象如何理解？显然需要深入了解唐朝的科举文化才能进行合理的解释。在唐朝的时候，科举发榜后朝廷要组织一些仪式活动："朝廷要在杏园赐宴，令新科进士中最年少的两位骑马在京城内采摘鲜花，分发给其他进士，簪在头上，这两人被称为'探花使'。"[①]后来，探花变成了科举中成绩位于状元、榜眼后面的考取者的称呼，唐代头上插花的风尚恐怕与这种仪式有关。再如，对北宋张择端的《清明上河图》的赏析、释读，也需要了解北宋社会的经济发展、商业贸易、对外关系、文化艺术等各个方面，才能真正理解作品表达的丰富内容和深刻内涵。

（二）从特定时代地域文化的主要特征理解艺术风格

艺术风格是在艺术形式上体现出来的独特的表现方法，"依据历史时期、流派、民族、地域或艺术家团体来区分"[②]。纵观艺术史，我们发现，伟大的时代往往孕育了经典的艺术，艺术是时代的名片。现代美术史家郑午昌在其著作《中国画学全史》中谈及画史的叙述方法时认为，艺术史应该叙述艺术的发展演变过程，当就其艺术上演进过

---

① 老任：《大唐的辉煌与社会风尚》，载《历史教学（上半月）》，2018(10)。

② 王菡薇：《隐喻与视觉——艺术史跨语境研究下的中国书画》，52 页，北京，商务印书馆，2017。

程及流派而述之。然其演进也，往往随当时思想、文艺、政教及其他环境而异其方向，别其迟速；而此种种环境，又随时代而变更。正是各个历史时代的特征影响了艺术的特征。一个历史时代的特征往往是多样的，但一定会有一个总体特征占主导地位、起着支配作用，按照人类学的定义，一个文化带就是一组文化特征占优势地位的一个地区。冯·兰克对此也曾经有所论述："在人类的每一个时代，都有一种特定的伟大趋势得以彰显……历史学家必须弄清楚各个时代的那些伟大趋势，并展现人类的历史，而人类历史正是网罗、包含这些各种各样趋势的完整统一体。"①一个时代的总体特征和"伟大趋势"势必体现在艺术上，一个时代的艺术的总体特征也同样映照着这个时代。

高中历史教学的内容主体基本上是对人类历史发展的重要时代的特征的把握，体现出各个时代的总体特征和主要趋势。在历史教学中出现的图像大部分是这些重要时代的反映，如西方的古希腊时代、文艺复兴时代、工业革命时代，又如中国的秦汉时代、隋唐时代和宋元时代。每个时代都呈现出鲜明的特征，这些特征都会在艺术上体现出来。宋代绘画艺术呈现出与宋代整体特征一致的特点。《中外历史纲要（上）》对宋代绘画艺术的表述是："宋元两朝……绘画成就以山水画最为突出，不强调写实，注重意境和笔墨情趣。花鸟画、人物画水平也很高。"寥寥数笔，却意味无穷。对宋代绘画艺术的理解，显然需要教师引导学生结合艺术作品进行分析，将绘画艺术置于整个宋代文化

① ［德］列奥波德·冯·兰克：《世界历史的秘密——关于历史艺术与历史科学的著作选》，207～209 页，上海，复旦大学出版社，2012。

的语境当中，进而对这一艺术特征建构全面的历史解释。宋代绘画艺术为什么题材多为山水、注重意境呢？我们可以从宋代经济社会文化的总体特征来分析。宋代商品经济发达，纸币出现，贸易活跃，这是文化发展的物质基础。加之宋代统治者重视文人和文化的政策，使得科举制进一步发展，以书院为代表的私学空前发达。在经济繁荣的同时，宋代也面临着频繁的边疆危机及民生问题，这种内忧外患的状况成为赵宋一代政权无法摆脱的"痼疾"。在思想上，传统儒学在面临佛教和道教的冲击时以其强大的生命力和包容精神将佛、道思想加以整合吸收，形成了理学体系。理学对宋元及后来士人的思想产生重要影响，这种影响体现在将伦理与宇宙自然相结合，形成了士人重视人伦、提升道德境界的人生美学。这种人生美学建立在儒学和道教相互融合的基础上，既有对现实的积极关怀，又有超脱世俗的飘逸洒脱。可以说，"与性理追求和忧患意识的沉重基调相辅的，是宋代的仕隐文化与士人普遍具有的洒落心态……深入人生和远离人生的矛盾张力在宋代士大夫那里特别地纠结"①。这种矛盾心理构成了宋代士大夫文化的总特征，表现在绘画方面则是宋代文人画的兴盛，其所传达的是淡远幽深、超逸隽永、简古平淡的精神追求。历史统编教材上出现的宋徽宗的《芙蓉锦鸡图》集山水花鸟于一体，表现了宋代艺术回归自然的高雅意趣，也说明了宋代文人的精神世界由注重外在转向注重内在。

---

①　潘立勇等：《中国美学通史》第 5 卷，20～21 页，南京，江苏人民出版社，2014。

第三节　历史教材中艺术图像的育人功能

落实立德树人根本任务是新时代教育的重要使命，但由于教育应试功能的过度彰显和立德树人路径的缺失，立德树人的有效机制尚未建立起来。立德树人具有丰富的内涵，但从根本上说就是要培养学生的社会主义核心价值观，让学生对国家民族具有深厚的情感，成为德智体美劳全面发展的时代新人，能够担负起实现中华民族伟大复兴的时代使命。高中历史教材具有丰富的艺术图像史料，这些图像是中华民族以及世界多样文化的表征，渗透着普遍性和多样性的人类价值追求。艺术图像内涵的阐释以及育人功能的充分发挥需要从历史学科本体和艺术的美学特质出发，让学生在艺术的陶冶中提高审美意识、增强责任担当、涵养家国情怀。

一、让学生在对艺术图像的鉴赏中感受历史之美，提升审美素养

艺术承载着人类对美的追求，美蕴含在艺术的形式之中。对历史教材中的艺术图像的解读过程也是发现艺术美和唤醒学生审美认知的过程。深入挖掘图像中蕴含着的人的审美追求，有助于培养学生的审美意识，给学生以正确的价值引领。在《1844 年经济学哲学手稿》中，马克思提出了人也是按照美的规律来造型的观点，即动物只是按照它所属的那个种的尺度和需要来建造，而人懂得按照任何一个种的尺度来进行生产，并且懂得处处都把内在的尺度运用于对象。这种美的追求渗透在人的实践活动之中，艺术是这种追求的表现形式。历史教材中的艺术图像具有史料实证和以美育人的双重价值。一方面，艺术图

像是人类历史发展的重要见证，如建筑遗迹、文化遗址、碑刻铭文等都反映了特定时代物质文明和精神文明的高度，其史料实证功能发挥需要从艺术的视角对图像进行阐释，理解艺术中所承载的人类精神追求和蕴含的价值理想；另一方面，艺术图像作为与文字内容相互映衬的历史叙事形式，如服饰、书法、绘画、雕塑等，本身就是中华优秀传统文化和世界多样文化的重要体现，可以让学生直观地感受到文化的魅力，给学生以艺术熏陶和审美体验，从而实现精神境界的美化，提高学生的审美素养。

审美素养包括认识美、鉴赏美、感受美和创造美等审美意识和能力，而审美意识的培养是对象性的活动，包括审美主体对客体的审美感知、感受、趣味、理想、标准等各个方面。教科书美学观点认为，教师深挖教科书中充盈的美学资源，学生在接收智能和技能信息时，也不断地通过审美体验、审美感知、审美熏陶而增强审美意识，培养自身的审美能力、审美理想、审美观念、审美情感、审美趣味。① 教科书美学观点具有普遍的美育意义，以图像为核心的视觉成为知识教育不可忽视的重要构成，"个体越来越频繁地通过图像获取知识、增进理解、追寻意义"②。高中历史教材中的艺术图像除了具有普遍意义上的美育功能外，更具有历史学科本体的美学育人价值，它们是人类通过劳动创造的文明符号。不同民族的艺术具有不同的审美旨趣：中国画运用笔法墨气渲染物我两忘、超凡脱俗的意境，表达了古代文

---

① 王禧婷、李如密：《教科书美学：教科书研究的新视野》，载《课程·教材·教法》，2020(2)。

② 王帅：《图像认知逻辑与知识教育图像化辩证》，载《教育研究与实验》，2020(4)。

人超逸的审美情趣；古希腊人体雕塑代表了力量和对自由的追求，以栩栩如生的各种姿态展现出人的伟大，它的美不仅体现在构型的和谐中，更体现在蕴藏在形体背后的人的内在精神力量中。只有综合看待特定社会政治、经济、文化的影响，才能真正理解艺术所展现的历史风貌和文化精神，理解这些图像所蕴含的人类精神之美，从而真正培养学生的审美意识。人的发展是人与对象性世界相互作用的结果，从人作为生命主体的前提出发，要让学生通过实践的、体验的学习方式深入历史的时空语境之中，理解历史图像的意义，发现历史本体的内在的美。

二、让学生在对艺术精神的把握中理解传统文化，增强文化自信

增强学生的文化自信是立德树人的核心要义，文化自信的核心在于深刻理解和认同中华优秀传统文化。中华优秀传统文化是在中华民族的历史演进中不断形成和发展起来的，存在于历史遗址、文化典籍、艺术作品之中。历史教学要充分解读教材中承载着中华优秀传统文化内涵的艺术图像，让学生透过艺术了解中华民族的文明形态、文化追求和精神境界，进而了解中华优秀传统文化蕴含的思想精华和人文底蕴，让其魅力得以最大程度地彰显，培养青年一代坚定的文化自信。

第一，要让学生通过艺术图像深刻理解天人合一的中华优秀传统文化理念。高中历史统编教材中的碑刻铭文、雕塑画像、书法作品等都是中华优秀传统文化的重要载体。各个时代的艺术反映了人与自然、人与社会、人与他人相互作用、不断发展进步的过程。历史发展的进程就是人通过劳动改造自然并实现自我改造的过程，人的目的、观念、理想、愿望通过人的劳动创造不断变为现实，艺术便是这一过程中人类理想的表达。夏商周时代的青铜礼器表达了那个时代中华青铜文明的发展成就，同时也体现出我们祖先在那个时代，通过"夸张怪诞的造型和狞厉怪异的纹饰，给人以神秘恐怖之感，不仅证明了商王朝对神的崇拜，也体现了借助神权庇护下的王权统治"①。这种艺术样式体现了早期中华文明天人合一的理念，是先民在生产力十分落后的条件下对生命力量的彰显。中国山水画中的人物一般只占画面很小的比例，这所表达的正是艺术家陶冶于山水之间的性情和人与自然融为一体的理念。

　　第二，要让学生通过艺术图像理解中华优秀传统文化兼收并蓄的强大生命力。《中外历史纲要（上）》"三国至隋唐的文化"一课选用了《洛神赋图》《龙门石窟宾阳中洞的佛像》和敦煌莫高窟壁画《胡旋舞》等艺术图像，这些图像充分体现了中华文化海纳百川的气象，说明了我国在统一多民族国家不断形成的历史过程中孕育了丰富多彩的优秀文化。一方面，汉文化表现出对少数民族文化强大的辐射力、吸引力和包容性；另一方面，少数民族文化也表现出丰富性，各民族文化交相辉映。魏晋南北朝时期，社会动荡、战争不断、政权更迭频繁、人民陷于苦难，为佛教兴盛提供了社会环境。作为主流思想的儒学充分吸收佛教、道教精神，在外来文化的冲击下不断发展。这种吸纳充分表现在这一时期宗教题材的雕塑和绘画艺术中，如莫高窟的雕塑和壁画都体现出多民族文化的交融。敦煌壁画上的"胡旋舞"就是来自西域游牧民族的舞

---

　　①　武其芳：《探文化之源，知民族之根——"青铜器与甲骨文"一课设计思路解析》，载《历史教学》，2020(1)。

蹈，隋唐时期的舞蹈表现出多样化的风格，体现出以汉文化为主体的多民族文化的争奇斗艳。对这一时代艺术特色的理解，既有助于学生理解魏晋南北朝时期社会动荡、民族交融的时代特征，也有助于展示中华文化的包容性与生命力。青少年只有对本民族文化有了深刻理解，才能对中华优秀传统文化产生强烈的心理认同，从而增强文化自信。

第三，要让学生通过中外艺术风格对比理解文明的多样性，学会文明互鉴。教师要引导学生通过观察中外艺术风格的差异，认识到世界各民族文化的差异，树立开放理念，在尊重文化多样性的基础上认识到中华优秀传统文化的独特魅力。

三、让学生在对艺术本质的探寻中理解生命意义，懂得责任担当

立德树人的关键是培养学生的价值认同和生命主体的价值自觉，让学生在课程教学中汲取不断向上的力量，使学生的成长具有正确的方向感和价值感。历史学科育人的关键是能够揭示历史发展的内在逻辑，即不断推动历史前进的根本动力是人类对自由的追求，是人的生命本质力量的彰显。"学科，这一学校课程的主体，担负着价值教育的重任——让儿童在学科学习中有价值经历，在价值经历中进行价值澄清，接受价值教育和引领，解开价值困惑，培育基本的正确的价值观，让生活充满意义。"①历史学科育人应建立在历史学科内容与学生生命内在价值产生强烈共鸣的基础上，使历史中的真善美不断内化为学生的精神追求。正是因为艺术的美源于人的实践和创造，艺术的美学特质才体现在人对自己创造的外在世界的直观过程中产生的审美愉

---

① 成尚荣：《学科育人：教学改革的指南针和准绳》，载《课程·教材·教法》，2019(10)。

悦，即人对自身本质力量的欣赏。从这个意义上说，艺术的育人价值就体现在艺术对人的本质力量的激发和唤起，以崇高、自由和解放的精神塑造人的精神气象。

艺术承载着人的价值追求，人对现实的不满抑或对光明和自由的渴望都会通过艺术来展现。因此，艺术创造体现出人类对真善美的追求。正如黑格尔所说，艺术之所以被创造出来，是要满足一种较高的需要，有时甚至是最高的、绝对的需要。北宋时期士大夫的人生美学建立在儒学和道教相互融合的基础上，既有对现实的积极认识，又有超脱世俗的飘逸洒脱，表现了中国文人强烈的生命意识和深厚的家国情怀。马克思主义唯物史观认为，历史是人民群众创造的，人民群众在推动历史前进中具有决定性的作用。的确，宏大的历史从有限的个体生命的展开方式似乎很难觉察，但人类作为一个群体却展现出巨大的推动历史前进的力量。在高中历史教材中出现的《万里长城》《清明上河图》《金田起义浮雕》《井冈山会师》等艺术图像无不体现出人民这一群体的伟大力量，展现了中华民族不屈的民族精神，共同构成了中华民族历史的大美画卷。要让学生通过图像理解艺术内蕴的巨大的民族精神力量，使学生内心升腾起"士不可以不弘毅，任重而道远"的责任担当，成为能够担负起民族复兴大任的时代新人。

历史教学要培养学生的审美意识、文化自信和责任担当，充分发挥艺术图像的育人功能，敞现其隐喻的精神价值；让学生理解艺术中表达的人生理想，通过对艺术生命本质的理解把握人类历史前进的方向性、审美性；增强青年一代的历史责任感和使命感，进而凝聚起强大的实现中华民族伟大复兴的精神力量。

专题七　学生历史学习的审美体验创设

新课程、新高考呼唤历史教学方式转变，营造充分体现学生主体体验和探究的历史课堂，让学生在身心一体的学习中领悟历史学科之美，这是历史教学审美化的重要目标。本专题从历史学科实践活动课程的审美构建、乡土文化课程资源的审美开发、历史情境化教学的审美建构、跨学科主题活动课程的审美设计四个维度，为学生创设具有审美体验的历史学习。这四个维度构成了当前历史学科课程教学改革在转变育人方式、丰富课堂样态、充分体现学生学习主体等方面的探索，它们的共同特征是关注学生学习，提升学生的历史学科核心素养。

第一节　历史学科实践活动课程的审美构建

历史学科实践活动课程是对历史学科国家课程的校本化开发，依据历史学科特点和具体教学内容进行设计，凸显历史教学的学科属性和价值属性，旨在促进历史学科教学文化生态的重构和历史学科教学方式的转变，彰显历史学科精神培育和人格塑造的美育功能。历史学科实践活动课程的审美构建与实施需要彰显美学精神，赋予学生主动、自主学习的自由，充分解放学生，创设有利于学生进行主动探究和主体情感体验的教学情境，使整个教学过程转化成为审美鉴赏与审美创造的过程。近年来，笔者所在的南菁高中在历史学科实践活动课程的审美构建与实施方面进行了富有成效的研究和探索，确立了历史学科实践活动课程审美化开发的课程理念，初步建立了彰显审美价值的历史学科实践活动课程群，探索出了历史学科实践活动课程的构建范式和主要实施途径。

一、审美视野下历史学科实践活动课程的分类

课程建设的审美意蕴表现为以审美教育理念，创设审美教育情境，增强教学的艺术性，使教育教学活动具有形象生动、情感激励、自由开放、潜移默化、寓教于乐等美学和美育基本特征。在这一课程旨趣的引领下，南菁高中基于地方和校本课程资源开发了一系列历史学科实践活动课程，构成了以学科审美为主题的历史学科实践活动课程群(见表7-1)。

表 7-1　南菁高中历史学科实践活动课程群

课程类别	课程名称	课程内容
探究品鉴课程	江阴考古	考古通识了解、江阴文明探访、霞客旅游规划
	文物鉴赏	历史文物鉴别、器物构造美学、器物文化解读
情境体验课程	多样文化理解与展示	世界文化概览、多样文化理解、多样文化展示
	历史剧创作与表演	历史剧的介绍、历史剧的创作、历史剧的表演
审美创作课程	民国服饰与文化	民国服饰演变、民国服饰鉴赏、服饰设计体验
	古献器复制	古典文献梳理、科学原理探究、文化精神感悟

上述课程设计的原则是体现历史学科特点，选题尽量围绕学校美育课程的总体目标，课程资源立足校本和乡土，具有实施的可能性。课程实施以学生自主活动为主，突出问题意识，提倡小组合作。课程主要在高一和高二年级开设。部分课程渗透在学科教学活动中，作为基础课程的拓展内容，学生进行研究性学习；部分课程以校本选修课的形式开设，由全年级同学在网上完成选课，随机组成课程项目小组，负责这门课程的教师在每星期五下午的校本课程活动中组织实施。每门课一般需要在一学期内完成。

二、历史学科实践活动课程的审美构建与实施

历史教学要为学生创设情境，转变教与学的方式，充分挖掘历史学科的美育价值，立足历史学科内容特点，进行历史学科实践活动课程的审美构建。下面结合具体课程内容，从课程开发的跨学科整合、课程实施的情境创设和课程目标的文化渗透三个方面对历史学科实践活动课程的审美化实施进行阐释。

（一）跨学科整合是历史学科实践活动课程开发的主要方式

分科教学的最大弊端在于以学科为边界，教学被限定在学科思维框架体系之内，束缚了学生面对真实情境解决问题的思维，不利于学生核心素养的培育。因此，在历史学科实践活动课程中必须强调跨学科整合的课程开发思路。

"文物鉴赏"这门课是典型的集科学与人文于一体的历史学科实践活动课程。其中的历史文物鉴别单元需要通过介绍考古学研究的对象、范围、方法、功用及其发展历程，让学生了解考古学的基本常识，掌握历史学科的基础知识和文物鉴别的知识，进行科学品鉴；器物构造美学单元需要在对具体文物进行鉴别、分析的过程中运用数学、化学、物理等多学科知识；在器物文化解读单元，若要达到对文物进行"赏"的境界，则必须从美学的视角解读文物，挖掘文物的符号价值，理解文物承载的文化内涵。

"古欹器的复制"这门课的跨学科整合特点更加明显。选择欹器的复制作为历史学科实践活动课程，是因为这一课程具有丰富的史学研究价值，需要从多学科视角进行研究与实践。更为重要的是，欹器承载了中华文化的美学精神，可以充分发挥历史学科的中华优秀传统文化教育功能。欹器是古时一种用于灌溉的汲水器皿（见图7-1）。《荀子·宥坐》记载，孔子在鲁桓公之庙见到这一器皿，听说它"虚则欹，中则正，满则覆"。就是说，它空时身形歪斜，倒入中量水时身形端正直立，倒满水时则器身翻转倾覆。孔子命弟子注水，果不其然。于是，孔子喟然而叹："吁！恶有满而不覆者哉！"随后引申出关于为人处世要"聪明圣知，守之以愚；功被天下，守之以让；勇力抚世，守之以怯；富有四海，守之以谦"的论述。

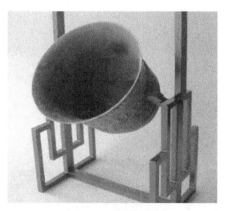

图 7-1　古欹器图

　　"古欹器复制"这门课主要设计三个活动单元,即古典文献梳理、科学原理探究、文化精神感悟。科学原理探究会研究欹器制作,学生们需要运用数学计算、物理原理、设计与制作等多种技能。可以说,这门以欹器为核心的课程本身就构成了一套包括语文、物理、数学、历史、政治、校史等一系列课程在内的整合课程群(见图7-2)。在这种多学科课程的开发与整合中,学生通过问题情境提高了理解和运用知识的能力,欹器"虚则欹,中则正,满则覆"所蕴含的科学原理和审美精神对学生的素养形成了双重观照。

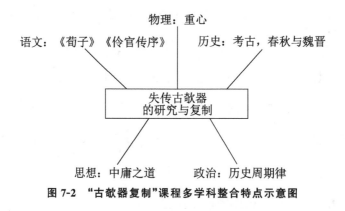

图7-2 "古欹器复制"课程多学科整合特点示意图

　　(二)情境创设是历史学科实践活动课程实施的主要途径

　　长期以来,学生对历史学科缺乏兴趣,历史教学的生态无法发生根本的转变,这是因为反映人类实践、充满生活气息和美学关怀的历史进程被窄化为具体的史实记忆和公式化的历史认识。事实上,一切历史的理解与解释都需要在一定的历史情境中展开。因此,南菁高中把情境创设作为历史学科实践活动课程实施的主要途径。

　　"历史剧创作与表演"是从创作和表演两个维度展开的历史学科实践活动课程。该课程以历史教学内容中的历史事件和历史人物为题材，以戏剧创作和表演为主要形式，通过一定的艺术加工，实现对历史的深层理解和解释。这门课最吸引学生的地方是它的情境性和创造性。在理解历史内容的基础上，在尊重历史事实的前提下，学生运用艺术的手法对历史事实进行情节化改造，完成戏剧剧本创作，按照剧情寻找演员、设计服装与道具，最后在舞台上演出。这门课被列入学生的校本选修课范畴，选修这门课的学生（一般5～8人一组）需要在一个学期创作两个与历史课程内容相关的剧本并参与一台历史剧的表演。近年来，学生改编创作并演出的历史剧有《文成公主》《昭君出塞》《荆轲刺秦王》《孔子》《光荣革命》《巴黎公社》《十月革命》《西安事变》《鸿门宴》《遵义会议》《小岗村的故事》等，有的在学校文艺晚会和社区广场文艺活动中演出，部分经典剧本已经汇编成册，于2016年12月由南京师范大学出版社正式出版。

　　"历史剧创作与表演"这门历史学科实践活动课程同样体现了学科整合的课程开发思想，其融合历史、文学、艺术、表演等多学科知识，让学生在情境化的学习环境中焕发出极大的学习热情，既深化了对历史学科内容的学习，又在历史剧情节的创作和表演中产生了强烈的情感共鸣，对真善美的人生境界有了深刻的理解。

　　(三)文化渗透是历史学科实践活动课程目标的重要维度

　　文化渗透是南菁高中历史学科实践活动课程的价值的重要体现和开发的重要策略。

　　"多样文化理解与展示"面向所有高一、高二学生，主要围绕高中历史学科教学内容，每个班级选择一个国家进行该国历史文化的研究与展示。学生要在一个月的时间内完成国家选择、展示主题确定、展示方案完成，被评选为优秀的方案则会在每年的学校文化艺术节中以班级为单位进行展示。该课程的实施需要同学们对世界各国文化进行深刻理解，在此基础上对其进行诠释。剧本创作和现场表演的过程实际上就是理解和体验文化的过程。有的班级选择了第二次世界大战德国法西斯战败被审判的场景进行创作和表演；有的班级选择了意大利文艺复兴，以人与神的对话诠释了文艺复兴运动的人文主义精神；有的班级选择了中国作为展示对象，以丰富的想象力展示了从古代的丝绸之路到今天的"一带一路"的历史画卷。世界各国文化以及和平、合作、理解、可持续发展等理念在这样的活动中得到了充分的展示，文化渗透成了历史学科实践活动课程价值的重要体现。

同样体现文化渗透的还有"民国服饰与文化"。这门课程是让学生通过对民国时期服饰的研究来理解民国时期中国历史文化的演变，感受时代生活的变迁。在课程实施过程中，教师提出了如下主题供学生选择：旗袍——成为永恒经典的花样年华，中山装——三民主义与五族共和，学生装——白衫黑裙引领时尚潮流，军人装——北洋军阀、红军、人民解放军，服饰史话(中国服饰的演变及特点)，民国服饰演变中反映的习俗和观念演变，民国服饰演变中体现的审美观念。围绕一个主题进行相关历史文化背景的研究后，还会进行服饰的鉴赏、设计、制作和体验。这门课程以服饰为载体，学生围绕服饰建构对民国时期的历史进程和文化变迁的理解，深化对民国时期历史文化的整体认识。

三、以历史学科实践活动课程重构教学生活

历史学科核心素养的培养和评价必须要依托复杂的、开放性的真

实生活情境，并把学科内容有机地融入真实的生活情境中，使学生掌握的学科知识和技能成为理解情境、发现问题、提出问题、解决问题的工具，从而赋予学科知识以实践价值。南菁高中的历史学科实践活动课程具有鲜明的学生立场，我们把是否有利于学生学习、是否有利于学生活动、是否有利于学生学科核心素养的培养作为评价历史学科实践活动课程的主要原则，着力改变历史教学生态，创设真实的教学情境，让教学活动回归学生立场，充满审美情趣。

在课程的开发过程中，通过组织学生进行历史剧的创作与表演等活动，不仅仅激发了学生探究历史美的兴趣，更重要的是充分激活了学生的历史审美主体性、积极性和参与性。创作与表演是对历史学科知识的深度理解，真正实现了学生的主动学习，让学生成为历史学科实践活动课程的开发主体，从而真正营造了有利于学生学习的教学文化生态。

南菁高中的历史学科实践活动课程真正实现了对历史学科教学生活的重构：教师只是课程实施的组织者和指导者，整个课程的设计、实施、评价主体都是学生；学生在实践活动中具有非常大的想象和创作空间，主体性得到充分发挥；学生的学习是典型的情境任务型学习，运用多学科知识，需要多种能力素养。一旦学习和活动的权利得到了尊重，学生就会对历史学科学习产生浓厚的兴趣，也能在活动中获得真实体验。我们相信，已经逝去的历史必将在鲜活的历史学科实践活动课程中重现生机，历史学科核心素养目标也将得到最大程度的实现。

第二节　乡土文化课程资源的审美开发

乡土文化课程资源是一定地域历史文化的产物，寄托着特定时代人们对美好生活的向往，体现出人类特有的审美价值追求。乡土文化课程资源的审美发掘，要从基于对历史文物古迹等课程资源的考察上升到基于课程资源载体，在历史与现实之间建立联系，使二者相互映照。情境陶冶、实践体验和价值体悟是彰显审美精神的乡土文化课程资源的范式。

《普通高中历史课程标准(2017年版2020年修订)》指出："课程资源既是课程实施的支撑环境，也是课程内容的重要来源，还是教学活动的展开条件。"历史学科课程资源非常丰富。其中，乡土文化课程资源是通过对地方和学校自身的历史文化进行有选择的挖掘和利用而开发出的有助于学生丰富历史感知、理解历史课程内容、提升历史价值立意的课程资源。哪些乡土文化资源可以作为课程资源，如何对乡土文化课程资源进行开发使用，这取决于对课程价值的理解和对课程目标的预设。在"历史课程是一种审美的生活"的课程价值理念的引领下，南菁高中对乡土文化课程资源进行了审美开发，形成了彰显审美精神的乡土文化课程资源开发范式。

一、乡土文化课程资源开发的审美内涵

普通高中课程改革的根本任务是立德树人，这本身就鲜明地体现了课程的价值性。人是一切的目的，而不是手段。传统教学的最

大弊端在于教育的工具性价值过度彰显，分数成了至高无上的目的。在教育工具理性的束缚下，课程的育人价值被遮蔽了，人被异化为获取分数的工具和学习的机器。从历史学科本身来说，其对人类社会的鉴戒价值被严重弱化，取而代之的是机械的记忆，碎片化的史实取代了历史的审美叙事。历史课程是师生的审美生活，这应是美学的生活转向，亦是课程价值的现代觉醒。学生的学习生活不是机械的和无意义的，生活是一种伦理的存在、是丰富多彩的、是生命的尽情舒展。

科学性与艺术性的两重性决定了历史学同时具有科学价值和审美价值。科学价值在于其真，包括真知和真理。真知是指历史知识的真实性、新材料的发现和证实；真理是指实事求是，探求历史发展规律，以期指明事物的发展方向。审美价值在于其美，指的是运用正确的审美观念鉴别历史上的人和事之美丑善恶，发掘历史美的因素，以历史之美陶冶人的情操、净化人的心灵，引导人们更加自觉地按照美的原则塑造自己、改造世界、创造历史，这就是历史美学和美育的意义所在。

课程是一种审美的生活，这意味着不是所有的资源都可以进入学生学习的课程之中的，只有那些体现审美价值追求的乡土文化资源才能成为真正的课程资源。历史记忆构成人基本的文化知识基础，每一个人都需要了解本民族以及全人类基本的历史演进过程、了解世界的昨天和今天，获得对世界的整体把握。历史教学就要充分挖掘历史中那些现在和未来都特别需要的价值内核，告诉现在的人该怎样处理人与自我、人与他人、人与社会的关系。从根本上说，就是人如何审美地对待自我、他人和世界。这些内容往往蕴含在乡土文化课程资源中，蕴含在中华优秀传统文化的价值体系中。中华优秀传统文化中蕴含着丰富的审美意识，如中国儒家思想倡导的"修身、齐家、治国、平天下""己所不欲，勿施于人"的社会人格主张，就是从天、地、人的高度对理想人格的建构。中国儒家思想重视情理交融、以理节情，这正是健全人格的审美表达。为了实现历史对生活的审美建构，让生活更有意义，我们总是会选择那些承载着希望和价值的内容，让我们即使面对"黑暗的、落后的、丑恶的"过去的历史，也仍能拥有对"光明的、进步的、美善的"现在的追求。正是从这个意义上说，特定时空背景下的乡土文化资源经选择后可以成为课程资源。

二、乡土文化课程资源的审美开发

课程是一种审美的生活，一切课程资源必然要以审美旨趣出现在学生的学习生活之中。课程必须接受被以审美的眼光去挑选。

南菁高中所在的江苏省江阴市是吴文化的发源地，有祁头山遗址、佘城遗址、高城墩良渚文化遗址等多处遗址，有徐霞客故居、刘氏（音乐家刘天华等）三兄弟故居、柳宝诒故居、吴文藻故居、巨赞法师故居等名人故居，还有江阴军事文化博物馆、渡江战役纪念馆等博物馆。从非物质文化遗产来看，江阴还曾获得故事、民乐、戏剧（月城镇）3项"中国民间文化艺术之乡"称号。南菁高中历史课程资源也相当丰富，学校前身是建于1882年的南菁书院，校园内保留了大量的书院碑刻、文化典籍等研究近代中国教育发展的重要资源。依托这些乡土文化资源，南菁高中开发出诸多历史校本课程。通过研究，学生把这些课程学习变成一场充满惊奇、感动和想象的审美之旅。

乡土文化课程资源大体以两种方式存在着。一方面，乡土文化课程资源以传统的文物古迹、文明遗址、文化艺术等物质和非物质的形态存在着，诠释着一定时空背景下人类文明的成就；另一方面，乡土文化课程资源又以现代的风貌出现在课程视野之中，特定地域的风土人情、生活方式总是带有历史的印记，体现出文化的延续性。

乡土文化课程资源的审美开发从传统与现代两个层面进行。传统层面的开发主要是基于对历史文物古迹等的考察，增强学生的史料实证意识，使学生学会在特定的时空背景下认识历史。以"江阴考古"校本课程为例，这一课程是作为历史选修课而开设的，依托江阴市文物保护和考古研究中心、江阴市博物馆等资源，通过课堂讲授、实地考察和专家讲座等一系列丰富的课程活动，在让学生了解家乡历史演进的同时激发学生对历史和考古专业的兴趣以及对家乡文化的乡土情感。这是一种典型的、具有一定文化意味的现代"乡愁"，有助于培养学生的家国情怀。

现代层面的开发主要是基于课程资源载体，在历史与现实之间建立联系，使二者相互映照。如体现历史和化学学科整合的"民间传统纺织印染工艺鉴赏"课程，结合高中历史教材中中国古代手工业的发展和现代化学原理，再现了"江南织造"的历史场景。这样的课程充分体现了科学和艺术的完美融合，是对中华优秀传统文化的创造性转化和发展。这门课程还被作为南菁高中国际理解教育课程向前来中国学习的德国、澳大利亚等国家的中学生开放，让他们感受中华优秀传统文化的魅力。显然，这样的课程开发已经上升到国际理解的层面，承担起传播中华优秀文化、讲述中国故事的文化传播功能。

三、乡土文化课程资源的审美开发的范式建构

乡土文化课程资源因其具有与学生生活联系紧密、历史文化承载度高、便于开发利用等特点，受到普遍重视。但是，由于对乡土文化课程资源的价值的认识局限和乡土文化课程资源开发能力的差异，乡土文化课程资源在历史学科核心素养培育方面的作用没有得到充分发挥。因此，有必要在实践的基础上对乡土文化课程资源开发范式进行提炼，以指导历史课程开发。

按照《普通高中历史课程标准（2017 年版 2020 年修订）》的实施要求，课程开发有递进的四个层次。第一个层次是国家课程标准，这是国家课程意志的体现；第二个层次是依据课程标准进行的教材开发，这是专家学者开发的课程；第三个层次是教师依据课程标准和教材进一步开发的教学课程，这是国家课程的校本化开发；第四个层次是习得课程，即学生在老师指导下学习的课程。乡土文化课程资源的开发体现的是第三个层次和第四个层次，是国家课程目标得以实现的关键环节。这两个层次的课程开发主要有以下三种方式或者说范式。

一是"情境陶冶式"的乡土文化课程资源开发。在这种课程资源开发范式中，乡土文化课程资源构成了历史教学的重要情境。如"重走霞客路"课程主要是带领学生参观徐霞客故居、绘制徐霞客走过的路线、了解徐霞客考察的历史风土人情等。这样的课程开发是以徐霞客这一历史资源作为现实的情境，使学生在学习历史知识的同时对徐霞客以步履丈量祖国山河、多次遇险而不改初心的精神产生地缘亲近性的移情与情感共鸣。

二是"实践体验式"的乡土文化课程资源开发。在这种课程资源开发范式中，乡土文化课程资源成为课程实施的重要载体，为学生学习创造了实践体验的空间。如"陶瓷之美与化学"课程，从中国陶瓷发展史入手，带领学生参观江阴市博物馆和南菁高中的沈鹏艺术馆，进而使学生了解陶瓷的制作工艺，学习古代陶瓷的鉴定方法。在课堂上，学生学习陶瓷的主要化学成分、烧制温度以及釉上彩和釉下彩等基础知识，探讨陶瓷釉色变化的化学原因，了解碳十四测年技术；在实际工坊学习过程中，鼓励学生亲手烧制陶瓷。通过三种课堂场域（博物馆、教室和工坊），对学生关于陶瓷的日常生活经验进行审美（动心）层面、操作（动手）层面和知识（动脑）层面的改造。这样的课程开发提高了学生的审美情趣，培养了学生的鉴别能力，更重要的是激发了学生对以陶瓷为代表的看似平常的日常生活的兴趣，进而培养了他们对曾经熟视无睹的家乡之美的深厚情感。

三是"价值体悟式"的乡土文化课程资源开发。这种课程资源开发范式需要充分关注课程资源的价值属性，从真善美的维度体悟课程资源的审美价值。乡土文化课程资源的审美开发在价值取向上将课程视为一种美学，赋予课程丰富的美学内涵：从课程实施的美学情境出发，赋予课程以美学旨趣；从课程价值的美学关怀出发，将教学定义为促进人的全面发展的实践；从艺术教育本身出发，阐释乡土文化资源的审美特性。事实上，课程的美学意蕴大体对等于真善美三者的并置，通过乡土文化课程资源开发开展对客观事实"真"的认知，对道德行为"善"的选择，对生活世界"美"的品味。而其例证则如通过对文物的考证与鉴别达到"求真"（知识价值），通过对探究传统艺术与文化的精神达到"求善"（道德价值），通过体验艺术的外在美与内在美达到"求美"（审美价值）。

事实上，乡土文化课程资源的开发往往体现出鲜明的课程整合的思想，上述三种课程开发范式兼而有之。瓷器、绘画、文学等乡土文化资源作为历史课程资源，都总是立体地鲜活地展示着人们的审美取向，体现着人们在特定时空背景下对生活的态度和对美的理解。

第三节　历史情境化教学的审美建构
——以历史故事创编为例

新课程改革强调情境化教学，而创编历史故事作为情境化教学的实践创新，意在于生动情境之中聚焦重难点问题，从事件、人物等维度，展开合理想象，营造历史情境，同时也充分发挥学生的主体性，深挖历史学科的审美价值，在创编故事之中感悟想象创造之美、理性与感性的和谐之美，最终满足对历史真善美的不懈追求。

普通高中历史课程改革面临着优化教学样态和实现学科育人功能的双重任务，必须改变当前历史课堂教学存在的教师教授为主、学生被动学习的单调样态，让学生成为学习的主体。这就需要在教学中设计学科活动，营造有利于目标达成的历史情境，让学生在丰富的审美体验中进行学习探究，建构历史理解。在这样的背景下，师生合作创编历史故事成为新课程教学实践的重要尝试。事实证明，师生合作创编历史故事的教学活动，有助于激发学生学习兴趣，引导学生对历史学习任务进行深度理解。同时，笔者也发现，作为教学活动的历史故事创编在实践中还存在很多问题需要讨论，如何把握好创编的尺度而不影响历史的客观性，如何确定创编的内容有助于课程目标的落实，如何选择创编的价值立意以让历史学科育人目标得以实现等，都需要进一步阐发与澄清。

一、创编历史故事是情境化教学的实践创新

新课程改革对情境化教学提出了明确要求。《普通高中历史课程标准（2017 年版 2020 年修订）》中多次提到"情境"二字，如"在教学过程中，教师要注意通过历史情境设计，让学生体验当时人们所处的历史背景，感受当时所面临的社会问题"，"在教学过程的设计中，教师要设法引领学生在历史情境中展开学习活动"，以及在学业水平命题主要原则部分提出"以新情境下的问题解决为重心"等。近年来历史高考的情境命题也越来越多：2018 年全国一卷，材料节选自小说《鲁滨孙漂流记》的部分内容，利用小说营造历史情境；2019 年全国三卷，题目展示了 1953 年的年画，让学生根据年画情境选择正确的历史事件；2020 年山东卷，材料展示咖啡馆历史，要求学生编写人物对话，题目不再拘泥于题目营造的历史情境，而是让学生发挥想象，自行创设历史情境，在情境中理解历史事件；2021 年全国乙卷，用有情节的文字描述土改后农民买驴的事，让学生据此联系所学史实选择符合实际的答案。可见，情境化已经成为历史新课程教学改革的重要主题。

情境化教学是指教师在教学过程中基于学习内容引入或创设形象生动的具体场景，增强学生学习的生动性和体验性，完成深度理解教学内容、达到学习目标的任务。有学者认为，情境化教学一般有四种

样态：第一种是教师创构情境，学生并不入境；第二种是教师创构情境，学生顺利入境；第三种是教师创构情境，学生顺利入境，并在教师的指导或激发下参与情境创构；第四种是教师只对学生予以最初的激发与启发，其后主要由学生充分发挥主动性、想象力和创造力，创构出自己所需要与喜欢的情境。① 而历史故事的创编恰恰对应着第三、第四种样态，即由教师带领学生通过历史故事创设情境，教师把创设的主动权交给学生，学生依靠自己的想象力在自己的思维殿堂构建自己的历史故事。

创编历史故事作为情境化教学的重要实践，意在给学生提供开放的学习空间，让学生通过基于教学内容的合理想象，故事化地呈现历史事件，还原历史场景，增强历史时空感，体现教学的价值追求。历史故事的创编可以是对真实历史的合理改编，也可以是基于历史背景的虚构，但其不同于文学作品的虚构，要以史实为基础，符合历史逻辑。第一，符合时空语境，历史故事的发生要具有历史可能性和逻辑性；第二，符合课程要求，故事的创编要符合教学目标的需要，有助于对学习内容的深度理解；第三，具有审美价值，历史故事创编具有鲜明的价值预设，有助于培养学生真善美的精神品格。在历史故事创编过程中，美贯通于学生的理性与感性的提升之路，使学生在学习知识之中感受美，在创编故事之中创造美，在所创编的历史故事中彰显美。历史想象是历史故事创编的方法，情境创设伴随历史故事创编而生，对真善美的追求是历史故事创编的价值指向。因此，笔者特别强调历史故事创编中历史情境的审美

---

① 吴康宁：《李吉林情境教育探索"再理解》，载《课程·教材·教法》，2018(3)。

性，以历史故事的创编涵育学生的精神境界，培养学生的家国情怀，落实立德树人根本任务。

二、创编历史故事的教学实施策略

在历史教学中创编历史故事需要符合历史学科特点，聚焦关键内容，确定创编视角，遵循历史逻辑和学生学习逻辑，真正理解关键内容，实现学生自主学习，引导学生走向深度的历史理解。

（一）聚焦重点难点，确定创编主题

确定创编主题是这一教学活动的出发点，其关键在于多角度展开并指向教学重难点问题。新的课程标准强调主题教学、大单元教学，其主旨就是让学生在长时段中把握历史发展趋势，鼓励教师对教学内容进行整合与整体性设计，凸显教学重难点。基于此，历史故事的创编视角是多元的，可按照主题、单元和重点子目进行设计，也可选择重要片段展开想象。如《中外历史纲要（下）》中的《全球联系的初步建立与世界格局的演变》这一课，选择早期殖民扩张这一子目为范围，以美洲土著居民的视角来讲述殖民扩张，创编一位美洲土著居民先是经历亲人感染欧洲传染病死亡又遭受欧洲殖民者奴役的故事，从他的经历中感受殖民扩张对美洲土著居民的影响。在这一课中，笔者以全球联系的视角与学生一起虚构了一个跟随人类远洋航行的玉米的经历：

　　很久很久以前，我和我的同伴们第一次坐上了船，跨过了大洋，离开了那世世代代给予我们土壤、水分和阳光的安宁的家乡——美洲。（物种交流）原本我的生活很幸福，我享受阳光和雨水，也享受主人的照顾。可有一天一切都变了，我的主人不再来照顾我，我看到他被很多白皮肤、红头发、蓝眼睛的人追赶，我从未见过他们，我大声呐喊："快逃啊，主人，快，快啊。"可惜他听不到我的声音，不，是他再也听不到了，我看着他慢慢倒下，再也没有站起来……没过多久，我又看到很多人突发疾病，疾病蔓延的速度飞快，很多人丧命于此，可大夫只是无奈地摇摇头，说："唉，从未见过，无法医治。"（人口迁移、疾病传播、殖民扩张、美洲人口剧减）再后来，我也被他们装进一个袋子，乘着轮船，漂洋过海……最后，我随着货物踏上了久别的故土，看到美洲大地上多了非洲黑人和欧洲白人的足迹。（世界文明格局发生改变）

这个故事的创编着眼于本课内容的整体，全景呈现新航路开辟带来的历史影响，使学生有了生动的学习情境，引发了学生强烈的探究意识，也加深了学生对教学主题的理解。学生从这只玉米的视角看新航路开辟对世界产生的影响，感受世界格局的改变。

（二）展开合理想象，创设历史情境

基于合理想象的情境创设是历史故事创编的重点环节，也是历史教学进行情感态度价值观教育的重要途径。历史教学中的历史想象强调在史实的基础之上，使历史教学更加生动有趣，丰富学生的情感体验，丰盈学生的内心世界，提升学生的精神境界。因此，情境的创设主要从以下几个维度进行。

第一，以历史事件为基础加深对历史主题的理解。如围绕"百家争鸣""文艺复兴""中国共产党的诞生""红军长征""改革开放""邓小平南方谈话"等重大历史事件创编历史故事，再现历史场景，理解大时代大主题背景下中国和世界历史发展的进程。第二，以革命历史人物为题材凸显家国情怀。如创编黄海大海战中邓世昌的故事：1894 年 9 月 17 日，返航旅顺途中遭遇日舰突袭，眼看丁汝昌所率"定远号战列舰"被日舰炮击，我该如何是好？强拼，弹药远远不够；不拼，堂堂男儿怎能眼看国家舰船陷于危难之中？冲！将士们，给我冲！没有弹药我有舰船，一命换一命，用咱们的舰船去撞他们！人固有一死，与其被敌舰炮弹打死，不如冲出去，用性命换敌舰的沉没。为国而死，此生无憾！将士们！全速前进！来世我们还为国上战场。邓世昌面对敌舰从未退缩，他用生命捍卫祖国权益，爱国情怀自然融入故事之中，给学生带来强大的心灵震撼。第三，以历史中的艺术为主题创编历史故事。历史教学中的艺术理解向度有助于培养学生的文化认知和审美鉴赏能力，从艺术的视角建立对历史内容的深度理解，涵养审美情趣，增强文化自信。

总之，情境创设的过程，是师生基于历史事实进行合理想象和创造的过程，更加多维地展现了历史的真实并走向审美创造。

（三）以学生为主体，仿写历史故事

历史故事的仿写是学生自主学习得以实现的重要途径，属于综合提升学生能力的项目化学习形式。学科素养通过学科活动得以形成，学科活动意味着对学科知识的加工、消化、吸收以及在此基础上的内化、转化、升华。[1] 仿写历史故事属于学科活动，需要学生充分发

---

[1]　余文森：《从三维目标走向核心素养》，载《华东师范大学学报（教育科学版）》，2016(1)。

挥主动性，自觉将所学知识内化、吸收之后加以整合，从分散的事件中探寻历史发展规律，挖掘其中的审美要素。在仿写过程中，学生的整合能力、逻辑建构能力、语言表达能力等都会得到极大提升。一般而言，学生仿写有两种方式。第一种是学生根据教师提供的范例续写。通过教师铺垫，在课堂有限的时间内，促进学生知识的内化与创造，使课堂变得高效、有趣。如上文中玉米的故事，学生仿写玉米之后的所见所闻：我来到了另一片不同的陆地，在那里看到有许多皮肤黝黑、衣不蔽体的人被一些穿着体面的白色皮肤的人驱赶并交易。买卖做成了，那些黑人就像货物一样被塞进大船，挤在逼仄的船舱内，没有任何尊严可言。对他们来说，能活下来已是极大的幸运。他们将要穿越茫茫大海，去往我的家乡——美洲。（黑奴贸易）故事借黑人的悲惨命运，凸显对正义美的追求。第二种是学生自选角度，梳理逻辑线索，结合史实，添加想象来创编故事。这种完全由学生主动建构的故事情境，融合了学生对历史的理解与态度，极大地发挥了学生的主观能动性，展现了学生的精神世界，促进了学生的能力提升。

此外，学生仿写并非故事创编的终点，对学生的仿写进行评价是重要环节。评价一般有三个维度，一是侧重于仿写故事的合理性与逻辑性的教师评价，二是侧重于促进学生互相学习的生生评价，三是侧重于自我反思与改进的自我评价。多元评价的过程是互相交流学习的过程，其目的是通过多主体评价培养学生学习历史的主动性，通过相互借鉴交流促进学生学习真正发生，通过学生反思加深历史理解。

三、创编历史故事的审美向度

历史本体的审美向度、情境化教学的审美想象、历史学科育人价值的审美内涵以及师生学习的过程之美都赋予了创编历史故事这种教学范式丰富的审美性。美学向度既是创编历史故事的方法论要求，也是其应然的价值指向，需要在创编历史故事的教学活动中加以体现。

(一)故事创编体现学习的自由和想象的创造之美

创编历史故事，赋予学生学习的自由和丰富的审美想象空间。有学者认为，创造性想象的过程是一种历史审美的过程①，故事创编是学生发挥想象力积极创造的过程，其中蕴含着创造之美。第一，故事创编的想象之美。故事创编是集想象、情感、逻辑、史实等于一体的产物，是对书本知识的再创造。创编故事利用想象打开学生的思维，打破传统教育按照书本墨守成规的教学顺序，极大地调动了学生的创造力。对学生而言，故事创编是对历史新的探索与发现，是对历史多角度的认识与理解，是对历史发展脉络的趣味性把握，是新知识与已有经验结合的途径创新。这种不断创造、不断追求新事物的过程，蕴含着人类对美好事物的向往与追求，是美的体验。第二，故事创编的表达之美。读有情节的故事是一种美的享受，给读者带来心灵上的震撼。动人的故事不仅让学生感受到文字之美，而且让学生产生积极向上的情感，对未来充满美好期待。因此，故事创编的表达要追求信达雅的境界，体现出情节的艺术性、内容的价值性、逻辑的合理性和表达的优美性。

(二)故事创编体现理性与感性的和谐之美

历史情境化教学设计最重要的是体现历史学科的理性之美与感性

---

① 王世光：《历史教科书的"想象"之维》，载《课程·教材·教法》，2007(10)。

之美。理性之美体现为历史作为一门科学要遵循实证的逻辑，论从史出。感性之美体现为历史中包含着人的精神世界和情感世界。教学过程是对教学逻辑美的立体展现，教学过程严密的逻辑性是教学美的重要表征，也是教学美要遵循的基本原则。① 因此，创编历史故事一方面要体现严谨、科学的态度，在富有逻辑的故事情节之中展现历史学科之美；另一方面要突出情境的创设，彰显历史的感性之美，让历史丰富起来，让人的精神和情感丰满起来，体现历史学科的育人价值，涵养学生美善的人生境界。这就需要通过丰富的故事情节体现历史教学的情境化，"理解包括体验人类千变万化的差异，包括人们之间不断进行的交往"②，"中国美学认为天地自然皆有情，与人情相呼应，审美就是人与世界之间的情感交流"③。无论人与自然的交往还是人与人的交往都渗透着人的审美价值取向，敞现出情感的崇高性和审美性。如创编历史人物的经历可以让学生感受历史人物的审美人生，完成今人与古人的情感共鸣，通过情感交流得到美的升华。

(三)故事创编的价值指向真善美

以故事为主题挖掘历史中的真善美是历史学科育人的重要途径。任何历史叙述都必然包含一定的叙述逻辑，体现一定的叙述风格，蕴含着丰富的审美追求。④ 创编历史故事，蕴含着向真、向善、向美的

① 姜艳、李如密：《教学想象的审美阐释及提升策略》，载《教育科学》，2020(1)。

② [法]马克·布洛赫：《历史学家的技艺》，105 页，上海，上海社会科学院出版社，1992。

③ 杨春时：《同情与理解：中西美学主体间性的互补》，载《吉林大学社会科学学报》，2009(1)。

④ 马维林：《在长时段大历史的叙事格局中进行审美建构——高中历史统编教材教学实施的价值立意》，载《江苏教育》，2021(Z3)。

事物的追求。《中外历史纲要（上）》记述了众多英雄人物：卫青、霍去病、邓世昌、邱少云、人民解放军、人民志愿军等。创编英雄人物故事，感受他们对国家、对人民的爱，将他们的精神转化为自己的行动，不断激励自己为中华民族的伟大复兴而努力；以中国古代文学发展为主题，整合《中外历史纲要（上）》第8、第12、第15课的内容，虚构主人公，跟随他看中国古代文学发展历程，感受当时的社会风貌，领略中国古代文学之深远发达和中华文化底蕴之深厚，从而树立文化自信；创编以中国古代选官制度变迁为主题的故事，了解我国制度不断规范、进步的过程，以此理解制度不断完善的历史进程，增强制度自信；创编以殖民侵略为主题的故事，看到被侵略者所遭受的非人对待，看清侵略者的丑恶嘴脸，从而激起反侵略的斗志，认识非正义终将被正义取代的历史必然……

　　人类历史源远流长，历史长河中从未消逝的是对一切象征着真善美的事物的追求，如自由、平等、未来、正义……这为历史故事创编提供了丰富题材和宏大语境。历史故事的创编要展现人类历史的真善美价值，既立足于历史发展的规律性、方向性，又展现出历史的丰富性和细节性，让学生在审美情境中把握历史发展方向，涵养家国情怀。

第四节　跨学科主题活动课程的审美设计

　　《普通高中历史课程标准（2017年版2020年修订）》规定，高中历史课程包括唯物史观、时空观念、史料实证、历史解释、家国情怀五个方面。核心素养无法直接度量，只有在行为及其结果的外显特征中才能表现出来。因此，素养指向的历史教学必须进行教学文化重构，改变接受式的被动学习和以应试为中心的工具主义教学文化，根据历史学科内容特点，转变教师教和学生学的方式，创设真实的任务情境，营造丰富的教学文化生态，加大历史学科实践活动课程的实施力度。历史跨学科主题活动课程以研究性、实践性和情境性为鲜明特点，让学生在学科实践活动中探究历史事实，建构历史联系，体悟历史价值，推动历史教学文化生态由应试为主向素养为主转变。

一、历史跨学科主题活动课程群的建构

历史学科是以人类过去发生的历史事实为研究对象的，但哪些内容可以进入历史研究的视野取决于历史研究者的主观目的，即历史研究总是带着一定的价值预设，具有某种研究倾向，体现一定的价值取向。一方面，历史教学需要历史实证意识，坚持论从史出，一切历史结论的得出都必须进行基于事实的考量和严密的推理；另一方面，历史教学又必须跳出史料和证据，超越编年史的束缚，将零散的历史纳入意义框架，建立历史与实践之间的联系，走进现实生活，发现历史规律，获得价值引领。无论是历史学科的实证研究还是历史意义的主观建构，都必须以学生为主体。如果说历史学科是一门通过研究过去来获得启示进而有助于面向未来、指引未来方向的学科，那么学生的主体体验和主动探究在历史学习中就显得尤为重要。因为价值和意义不能从外部强加，必须从学生内在的本质中焕发出来。这也要求跨学科主题活动课程必须从文化重构的意旨出发，凸显历史学科的文化审美价值，对应试教育的弊端进行某种

程度的弥合，彰显历史学科文化传承和精神培育的功能。为此，南菁高中着力开发三类历史学科实践活动课程，即探究品鉴课程、情境体验课程和审美创作课程，三类课程下设六大课程板块和若干课程单元（见表 7-2）。

表 7-2　南菁高中历史学科实践活动课程群

课程类别	课程名称	课程内容
探究品鉴课程	江阴考古	考古通识了解：学生通过网络和图书馆资源，初步了解考古学的基本常识；了解考古学和人类文明进程意义上的时空阶段划分，如中国石器时代、青铜时代、铁器时代；了解中国重大考古动态。 江阴文明探访：利用乡土课程资源，实地考察地方历史文化遗址，如反映马家浜文化和良渚文化的遗迹遗存有江阴祁头山遗址、高城墩遗址、佘城遗址。 霞客旅游规划：徐霞客故居探访，徐霞客行走路线考察，江阴霞客旅游景点规划设计。
	文物鉴赏	历史文物鉴别：鉴别学校艺术馆的馆藏文物，进行文物断代鉴赏，了解不同文物的历史符号学意义。 器物构造美学：从文物结构的分析入手，运用多学科知识了解古代器物设计构造中蕴含的科学知识，从设计美学角度理解文物。 器物文化解读：从器物的形状、图案、功能等角度解读文物所反映的中华传统文化。
情境体验课程	多样文化理解与展示	世界文化概览：了解所研究国家的历史、文化及重要的历史进程，如古印度文化、古希腊和古罗马文化等。 多样文化理解：了解各国文明的历史发展、各国标志性的文化艺术、各国文化的历史标志性特点。 多样文化展示：设计各国文化展示方案，以海报的形式设计各国文化展板，以表演的形式展示各国文化。
	历史剧创作与表演	历史剧的介绍：掌握历史剧的艺术特点、历史剧的创作要求、历史剧的艺术价值等。 历史剧的创作：根据指定的历史学科内容进行历史剧创作。 历史剧的表演：在舞台上表演自己创作的历史剧。

续表

课程类别	课程名称	课程内容
审美创作课程	民国服饰与文化	民国服饰演变：了解民国期间中国服饰的总体情况以及所反映的历史背景。 民国服饰鉴赏：了解旗袍、学生装、军人装、中山装的审美旨趣。 服饰设计体验：根据民国服饰文化与服饰风格探究民国服饰对现代服装设计的借鉴意义，在此基础上进行服饰设计，要求画出设计图并进行说明。学生试穿体验自己设计制作的服装。
	古欹器复制	古典文献梳理：查阅文献，了解古欹器的历史由来和功用。 科学原理探究：了解古欹器的设计原理，从数学、物理等学科知识的角度对古欹器进行解释，并尝试进行古欹器复制。 文化精神感悟：从古欹器"虚则欹，中则正，满则覆"的物理现象中感悟中国传统文化的中庸思想。

上述三类课程有着相互联系的逻辑预设，总体指向学生史学素养的培育和历史教学文化生态的重构。探究品鉴课程突出历史研究的科学意识，从对事实的厘定出发，让学生通过实地考古和文物鉴赏掌握历史研究的基本方法，并能从历史遗迹及器物的形状、造型、功用中理解不同时代的历史文化；审美创作课程是基于历史研究进入文化理解阶段的任务而确定的。从文化的视角出发，历史研究者基于何种立场、抱有何种目的会带来不同的历史理解和历史解释。人们能够认识过去，这是历史学得以认识成立的前提。然而，人们所要求于历史学家的，并不是简单地从史料中挖掘出历史事实，而是要帮助人们达到对于过往的某个层面或某个片段的理解。[1] 从人类历史发展趋势看，

---

① 彭刚：《叙事的转向：当代西方史学理论的考察》，151 页，北京，北京大学出版社，2009。

人类逐渐从蒙昧走向文明，从落后走向进步，这一进程实质上是人逐渐走向自我解放的审美的历程。按照马克思主义唯物史观的基本原理，伴随着物质生产方式的进步，人类相对于自然拥有了更多的自由空间，在此基础上，人们才可以拥有更多的精神自由。历史研究需要从特定的时代去理解人类的审美意识。历史剧创作与表演旨在创设历史研究情境，让学生在情节化的活动中学习历史，学生通过亲身体验甚至是对历史人物的再造，对历史情势和历史意义得以更充分地把握。

二、以历史跨学科主题活动课程重构教学文化

针对传统历史学科教学以教师讲授为主、以学生被动学习为主要方式、以传授知识为目标、以应试为主要目的的弊端，历史教学文化的重构旨在通过历史教学形态的改变，将学习的权利还给学生，让学生在历史情境中进行主体体验，在历史学科实践活动课程中培养学生历史学科核心素养。下面结合"文物鉴赏""江阴考古""民国服饰与文化"这三门课程来阐释如何通过历史学科实践活动课程实现历史教学文化的重构。

（一）文物鉴赏：从器物到文明

"文物鉴赏"这门课程的内容从中国各朝代的代表性器物简介入手，带领学生参观江阴市博物馆和南菁高中的沈鹏艺术馆馆藏文物珍品，进而了解文物的制作工艺，学习各类文物的鉴定方法，尤其是专题学习与江南一带地域文化相关的青瓷与宜兴紫砂壶鉴定和鉴赏方式。如在陶瓷鉴赏课上，邀请化学教师一起参与，让学生了解陶瓷的主要化学成分、烧制温度以及釉上彩和釉下彩等基础知识，探讨陶瓷

釉色变化的化学原因以及介绍碳十四测年技术；在实际工坊学习过程中，则让学生深入了解陶瓷的生产流程，让他们掌握泥条成型法等基本造型方法，鼓励学生亲手烧制陶瓷，亲自鉴定陶瓷。开展对客观事实"真"的认知，对道德行为"善"的选择，对生活世界"美"的品味。这种简单的审美课堂构造提高了学生的审美情趣，培养了学生的鉴别能力，也实现了相关多学科知识的传递。更为重要的是，学生对艺术品的形式展开具体分析，突出科学的"求真"精神，对艺术品的时代内涵、风尚与文化精神展开讨论，突出伦理的"求善"意识，对文物所表达的文化精神进行具体的分析，辅以艺术创作实践，从而得到富有个性的审美熏陶。这就突出了课程的文化渗透功能，让学生经历了从器物的赏析到文明的理解这一完整的历史研究过程。在这样的学科实践活动课程的实施过程中，学生"由器明道"地了解中国传统文化的审美价值取向。

(二)江阴考古：从历史到现实

"江阴考古"这门课程是学生通过对文明古迹的实地考察，了解学校所在地的历史文化渊源，在历史学习与江阴的历史文化和现实生活情境之间建立紧密联系。江阴位于长江下游，有延陵古邑、春申旧封之誉，具有 5000 多年的文字记载史，是吴文化的发祥地之一。就历史文化遗存而言，江阴有祁头山遗址、佘城遗址、高城墩良渚文化遗址等多处，还有徐霞客故居、刘氏三兄弟故居、柳宝诒故居、吴文藻故居、巨赞法师故居等名人故居，以及江阴军事文化博物馆、长江古炮台、渡江战役纪念馆等历史文化场所。这些都具有极高的历史研究价值，为学生开展历史学科实践活动提供了真实的问题研究情境。

在这门课程中，学生首先了解江阴文明遗址的历史地位和文明成就，然后根据文明遗址的分布和历史文化内涵设计江阴历史文化旅游线路。例如，"霞客旅游规划"的任务要求学生利用现有的城市考古资源设计出一条文化旅游路线并进行推广，这在一定程度上促使学生了解将审美体验转化为文化产业的方法，体会商业与审美之间的紧张和共生关系。[①] 这有利于激发学生对历史和考古专业的兴趣以及对家乡文化的乡土情感，是一种典型的具有一定文化意味的现代"乡愁"。"霞客旅游规划"就是基于问题解决的历史学科实践活动情境，让学习融入生活，使学习与现实的意义世界建立联系。在这样的过程中，学生对徐霞客以步履丈量祖国山河、多次遇险而不改初心的精神产生地缘亲近性的移情与情感共鸣。

在这门课程的设计中，我们十分重视以课程资源的在地开发创设学习历史的任务情境，让学生进入历史现场。通过充分挖掘校本课程资源和乡土课程资源，为课程开发提供有效的资源保障。更重要的是，这种对在地的乡土历史文化资源的利用拉近了历史和现实的距离。校本课程资源和乡土课程资源与学生生活关系密切，便于开发利用，且有利于培养学生的家国情怀。"霞客旅游规划"的设计将学生的视野从历史引导到对现实问题的关注，从而真正体现古为今用、学以致用、服务现实的历史学科价值。

(三)民国服饰与文化：从审美到创造

"民国服饰与文化"这门课程是通过对民国期间服饰的研究来理解民国时期中国历史文化的演变，感受时代生活的变迁。在课程实施过

---

① 杨培明：《美育——从理念到行动》，49～51页，北京，红旗出版社，2015。

程中，教师提供了一些主题供学生选择。学生分组后任选一个主题，进行相关历史文化背景的研究和服饰的鉴赏、设计、制作和体验。这门课程以民国服饰为载体，围绕服饰去了解民国时期的社会转型和审美文化，加深了学生对民国时期历史文化的理解。如某小组设计了改良的旗袍，请服装公司制作后小组成员穿上旗袍并合影（见图7-3）。学生在这样的过程中收获了丰富的审美体验。据旗袍图案设计者之一林木洋子同学介绍："该设计考虑到以下几个因素：1. 将古典旗袍艺术与时尚气息相融合，故下摆设计为不对称式，充分体现了当今的摩登元素。2. 领口本应为传统式样，然设计者自身较欣赏汉服，因此在立领上又镶上一道宽边，象征着各民族的统一。3. 流苏是中华服饰艺术中的一种特殊装饰，将其特有的轻灵飘逸与旗袍的稳重肃静结合，取得了意想不到的效果。然而经过以上种种变动，旗袍的特有风味降色不少，实为一大憾事。"

图7-3 学生们穿上自己设计的旗袍

上述三门课程是南菁高中众多历史学科实践活动课程的典型案例，承载着丰富的课程价值。他们的共同特点是突出历史学科特质、关注乡土和校本历史资源开发，创设历史学习情境，真正体现学生学习的主体地位，更加重视引导学生关注历史现实、理解历史文化，以完成对历史事实的审美化建构。其充分体现了学科实践活动课程所带来的历史教学生态的改变和历史教学文化重构的范式。

三、重构历史教学文化的价值维度

历史学科实践活动课程是国家课程的校本化重构，也是历史教学文化的重构，其价值"体现在基础课程的整体的结构变革，课程内容重构，学科重新组合，课堂模型重建。一定程度上实现由静态课程发展为动态课程，由群体课程发展为个体课程"①。历史学科实践活动课程的开发与实施是历史教学文化重构的重要尝试，其意义在于历史学习场所、形式和内容的转换，在于历史教学方式的深刻变革，更在于历史教学价值的充分彰显，从而使历史教学由知识传递走向素养培育。

(一)增强学生历史学习的课程主体意识

"江阴考古"课程采用教师组织引导、师生实地考察、学生小组合作探究等方式进行，充分尊重学生的学习主体地位。教师根据学生兴趣特长将学生分组，明确分工。学生实地到江阴市文物保护和考古研究中心、江阴市博物馆等历史文化场所，通过聆听专家讲座实地考察等方式对江阴的文物古迹进行了深入的研究，并撰写出多篇质量较高的报告。在"文物鉴赏"课程中，教师要求学生在初步掌握文物鉴赏知识的同时尝试着对学校艺术馆的藏品进行分类，并设计馆藏文物介绍卡片。这一活动极大地调动了学生学习历史的热情，他们通过广泛阅

---

① 程红兵：《围绕核心素养，探究面向未来的课程结构变革》，载《课程·教材·教法》，2017(1)。

读、获取网络信息和进行专家访谈等多种方式了解文物鉴赏知识，并进行文物的分类和说明。在项目式的学习活动与问题解决的真实情境中，学生通过学科实践活动潜移默化地提高了历史学科核心素养，成了课程开发和实施的主体，从而真正实现了学生与学习生活的一致性，即学生是学习生活的主角。

历史学科实践活动课程的价值在于对学生学习生活的重构，使学生可以面对丰富多彩的学习对象和复杂的社会系统。其重在提升学生的综合素养，而不仅仅是学科能力和分数。进一步说，这样的课程是让学生置身于愉悦的、活泼的、创造性的课堂学习活动中，初步了解社会道德美、自然环境美、科学技术美、文化艺术美等方面的知识和观念，潜移默化地感受美的法则与获得美的知识、观念、技能，陶冶美好的情操，从而实现主体人格全面而自由的发展。

(二)培育学生的科学精神和人文素养

传统的学科教学过于强调学科自身的体系性、逻辑性和系统性，过于强调学习的工具价值，遮蔽了学科本体价值。核心素养框架下的教学不再仅仅是知识的传递，更加凸显知识的育人价值，强调教学对于素养的培育功能。其中，科学素养与人文精神是完美人格的核心组成部分，是学生核心素养的重要内容。历史学科教学活动利用学科的探究性特点(如"文物鉴赏"和"江阴考古"课程)培养学生的科学精神；挖掘历史器物的文化内涵和历史事件背后的文化因素，从科学课程中创生与诱发出审美的因子，培养学生的人文精神。人类在漫长的历史演进和特定的时空中创造了灿烂的文明，这些文明总是会通过不同的符号来表达，寄托着人类丰富的审美追求。如青铜器、瓷器、绘画艺术作品和文学作品等，总是立体地鲜活地展示着那个时代的人们的审美取向，体现着他们的生活态度。① 历史教学可以通过科学教育使学习者开阔心胸、发展心智，且为自己提供观察与分析问题的基点与视角；可以通过人文教育，引导学习者在自我创造与自我完善的过程中逐步接近真善美的理想境界，从而将科学态度与人文精神融合在学习者的心灵深处，融注在他们的学识、品质和行为之中。

历史教学重视学生历史学科核心素养的培育，这需要学生初步掌握历史研究的理论和方法。历史理论实际上由两部分组成，一是关于历史本体的理论，二是关于历史认识的理论。② 学生只有在教师的引导下真正以研究者、批判者的身份进入历史研究情境，运用正确的历史认识理论面对历史本体，其科学态度和人文精神才能在历史探究过程中得到培养。当学生充分发挥主体性且以强烈的历史责任感面对历史和未来的时候，学生的素养才能真正得到提升。

(三)凸显历史学科的优秀传统文化培育功能

历史学科价值中蕴含着人自身的审美价值、人文意向和精神品性，与传统文化及社会主义核心价值观的内在要求异曲同工、一脉相承。弘扬中华优秀传统文化是历史教育的思想源泉，亦是实现历史教学由知识论向素养论转换及实现历史学科价值的重要体现。历史教育要充分发挥传统文化育人因素，完善人的精神世界。

"古歊器复制"这门课科学性与人文性融合的特点非常明显。歊器

---

① 马维林：《高中历史教学的美育渗透策略》，载《当代教育与文化》，2017(1)。
② 普传芳：《历史的虚构性——谈海登·怀特的历史诗学》，载《社会科学论坛》，2009(6)。

是古时一种灌溉用的汲水器皿，它有一种奇妙的特点——"虚则欹，中则正，满则覆"。古人将它放在案头甚至宗庙，提醒自己事事需适可而止、不可过分，是为"座右铭"。欹器承载了中华文化的美学精神，可以充分发挥中华优秀传统文化培育功能。这门课程设计了古典文献梳理、科学原理探究、文化精神感悟三个课程单元。古典文献梳理重在通过史料了解古欹器的历史由来，科学原理探究需要多学科融合，文化精神感悟重在体味"虚则欹，中则正，满则覆"所反映的传统文化精神。

传承中华优秀传统文化还需要理解世界文化，在相互交流、相互了解、相互借鉴的国际理解中增强文化自信。"多样文化理解与展示"这门课程以班级为单位，选择一个国家进行该国文化展示，让学生在活动中增强对世界多样文化的了解，综合运用历史、文学、政治、表演等多学科知识开展历史学科实践活动。通过这样的课程学习，学生在了解多样文化的同时可以更深刻地理解中华优秀传统文化，形成开放的文化观，在吸收借鉴各国文化的同时弘扬和发展本国文化。

在历史长河中闪现着传统文化的思想、观点、方法，它们为今天普通高中教育特别是历史学科教育提供了丰厚的资源。这需要充分发挥历史的学科特点和学科育人功能，充分发挥中华优秀传统文化的育人价值，培育学生的社会主义核心价值观，增强学生的社会责任感、创新精神、实践能力，培养个体对生命、社会与自然更加挚爱的审美态度和观念。

专题八　历史教学中家国情怀培养的审美实践

　　家国情怀是历史学科核心素养的重要内容，也是中华美学精神的重要内涵。它体现了个人对国家富强、人民幸福的丰富情感以及强烈的国家认同感、归属感、责任感和使命感，也体现了生命对现实的超越，是人生崇高境界的重要体现。以美学理论与方法优化高中历史教学，培养学生的家国情怀，应成为深化历史课程教学改革的重要方向。打造真善美和谐统一的历史学科审美课堂，是推动普通高中立德树人和育人方式转型迭代的重要路径。历史审美化教学主线是基于历史审美化学习建构原理和历史审美化生成机制，从感美、立美和创美三个维度的内在要求出发，在历史教学中让学生主体性地位充分实现，通过学生具身参与体验的学习行为和情境化的学习过程设计，让审美化教学成为可能。

第一节　家国情怀内涵的审美性

习近平总书记多次强调"传承和弘扬中华美学精神""在全社会大力弘扬家国情怀"。高中历史教育受制于过度应试的教学文化，其培养国民精神、涵养家国情怀的功能未能得到充分发挥，亦缺少现实可行的路径。培养学生认同国家的高尚情感是立德树人的重要内容，但缺乏审美意识的公民教育实践难以触及公民的情感与态度的深层内核。实用化、功利化、机械记忆的历史教学无法让学生真正体会到历史波澜壮阔的发展历程和不断走向崇高、自由、解放的审美旨趣。作为高中历史学科核心素养的目标内容，家国情怀培养的教学困境在于缺乏对学科本体育人价值的挖掘，将学科育人理解为思想政治教育，历史学科本体所彰显的历史进步性、价值性、方向性没有走进学生的内心世界，也没有转换为学生的历史责任感与使命感。家国情怀视域下的历史教学审美化正是基于这一问题从中国历史精神的深层结构对家国情怀进行理解，从审美发生的内在机制进行历史理解与解释，深刻认识家国情怀与中华美学精神和历史本体之美的内在一致性，进而让历史教学彰显美学观照，涵养学生家国情怀。

一、家国情怀生长在历史文化深处

作为历史学科核心素养的重要内容，家国情怀是历史学科内在的规定性，是人情感属性与历史属性的统一体。家国情怀是人对民族和国家最朴素的情感。个体从出生开始就逐渐从自然性向社会性转变，因为生活或者实践逐渐对所站立的土地和疆域进而对国家产生情感，对家庭的依赖、对国家的归属感都随着个体的社会性增长而得到加强。个体随着理性的增强，对国家和土地更加依恋，对精神层面的民族国家也有了更深刻的理解，每个人从生理特点到文化气质都具有鲜明的民族文化特征。从这个意义上说，家国情怀是一种朴素的、本能的、高尚的情感，爱自己的国家就像爱自己的母亲一样真诚而自然。家国情怀的培养触及人的深层情感，对国家和民族的情感依恋和责任意识是中华美学精神的重要内容。历史课程教学改革的目标是培养学生的社会主义核心价值观，增强学生的民族自信心和自豪感，树立为国家前途命运和人类未来不懈奋斗的远大理想。家国情怀是历史学科核心素养的重要内容，也是历史教育的目标所在。中国传统文化（家国情怀）以天人合一、万物一体为哲学根据，以忠孝一体、经邦济世为主要内容，以天下太平为终极理想。在中国传统文化语境下，家国情怀具有包容博大的胸怀，关注人类共同的利益，致力于人类命运共同体的建设。有学者从共同体意识视角来阐释家国情怀的内涵，认为家国情怀是人对与自己密切相关的集体如家庭和国家的眷恋与爱戴以及对其的包涵与宽容的胸怀，是个人对于家庭和国家的一种积极的思想意识、情感认同和自觉担当的意愿。当下，我们既应该坚守家国情怀，也要通过树立人类命运共同体意识来实现对家国情怀的超越，要培养打破国界、关注人类整体、构建人类命运共同体的家国意识。①事实上，中华民族自西周以来就建立了以宗法制为基础的家国一体的社会治理结构，个人命运始终与共同体利益相联系，"以天下为己任

---

① 张军：《共同体意识下的家国情怀论》，载《伦理学研究》，2019(3)。

的家国情怀，超越个人情感的士子精神，从来就是中华民族优秀知识分子的固有传统"①。中国人的家国观念由小家到大国延伸至天下，奠定了中国倡议的人类未来愿景——建设人类命运共同体这一美好蓝图的价值基础，也彰显了中国人"天下兴亡，匹夫有责"的家国天下情怀和人类命运休戚与共的全球伦理观。这些也构成了中国历史精神的深层结构。

家国情怀的产生是人与历史互动的结果，具有深刻的历史性。一方面，人的家国情怀本身就是在历史中形成的；另一方面，我们所钟情的历史又总能激励我们前进，代表着人类走向未来的方向。家国情怀作为崇高的情感，是人类面向未来的重要价值取向和精神追求。马克思主义唯物史观以其强大的真理性揭示了人类社会发展的规律，阐明了社会主义取代资本主义是历史的必然。这一必然是建立在物质生产方式是人类社会发展的决定力量这一科学论断的基础之上的，这充分说明历史是合目的性与合规律性的统一。历史教学要让学生透过历史现象看到历史本质，透过纷繁复杂的历史实践把握历史演进规律，认识到马克思主义唯物史观的强大真理性，坚定共产主义的远大理想和信念。这种坚定的信念蕴含在历史演进的规律之中，关乎青少年一代的共产主义信仰。正确运用历史规律，把握历史大势，有助于青少年一代牢固坚定"四个自信"，坚定地向着社会主义事业接班人的目标努力，这是家国情怀的深层表现，是蕴含在历史表象背后的深层逻辑。

---

① 郑翔：《〈家国书〉：家国情怀与士子精神》，载《中华读书报》，2009-06-17。

二、家国情怀与美学精神具有内在统一性

关于家国情怀与美学精神的内在关联问题，李泽厚认为，儒家美学强调"和"，主要在人和，与天地的同构也基本落实为人际的谐和。中国传统文化具有家国同构的传统，因此，儒家文化主张的"和"不仅是人与自然、自我和社会的和谐，而且包含个人对国家的责任感、对人类共同命运的关注。所谓"修身、齐家、治国、平天下"，所表达的正是基于儒家美学精神的家国情怀的深刻内涵。中国古典美学的特点是偏重于主观情志的抒发，以意境、韵味、情趣为核心，由此形成了儒、道、释三家合一的审美观和美学理论。① 也就是说，中国古典美学特别重视人情、志、气等内心的精神力量，具有超越小我走向自然、社会、国家的高远旨趣和人生境界。中国古典美学的这种精神融入社会现实之中就变成了对社会的责任，进而升华为家国情怀。今天我们要培养能够担当民族复兴大任的时代新人，就是要让青少年具有使命意识和责任担当，而使命和责任的培养要从历史中获得文化滋养，让青少年认同中华优秀传统文化，树立实现伟大民族复兴的坚定信念和实现共产主义的崇高信仰。以"天下一体"为起点形成的家国情怀在历史发展中不断沉淀和升华，从"天人合一"的直觉式初级共同体意识到以自由、法治、平等和个人尊严等基本价值为基础的理性共同体意识，逐渐演变成中华民族的心灵家园。② 家国情怀凸显了爱国主义的情感维度，是在立足于共性的基础上，从情感价值层面对爱国主义的本质属性作出的进一步阐释和论述。作为沉淀在主体内心的由多

---

① 彭定安：《中国古典美学的特点及其基本范畴》，载《东方论坛》，2016(3)。
② 张倩：《"家国情怀"的逻辑基础与价值内涵》，载《人文杂志》，2017(6)。

种要素综合而成的情感价值体系，家国情怀与特定国家和民族的历史传统、自然地理和文化精神高度相关。也正因为如此，家国情怀一定是具体的、可触摸的、能激发起每个人的强烈共鸣的。只有真实的情感体验才能深刻地融入每个人的灵魂深处。中国人的家国情怀被深深地打上了中华优秀传统文化的烙印，与儒家思想的经邦济世、家国同构具有一致性。

高中历史教学中，家国情怀培养的审美化建构逻辑要回答"审美化"与"育人价值"实现的内在关系，为"审美化建构"这一理论观点提供基于学科价值和美学互摄的学理支撑。历史教学审美化并非仅仅体现在教学的过程形式等维度，它根植于历史本体的美学向度。在《1844 年经济学哲学手稿》中，马克思指出，动物只是按照它所属的那个种的尺度需要来建造，而人懂得按照任何一个种的尺度和需要来进行生产，并且懂得处处都把内在的尺度运用于对象。马克思这段话的深刻性在于提出了"内在尺度"的概念。什么是人的"内在尺度"呢？毫无疑问，就是人类对美的追求。可见，历史的美是历史本体的存在方式，人类历史的发展历程正是人的理想不断得到实现、人类不断走向自由和解放的审美历程。不仅如此，历史学科本体的美还体现在其反映的世界真善美的存在，"历史若不真，就成为纯然虚构的小说了；若不善，就成为零碎的见闻杂记了；若不美，就成为断烂朝报的流水账簿了。若流水账簿，若见闻杂记，若小说，均各有其真或善或美，但非真善美合一，这如何成为历史呢？"[①]对历史之真的探求、对历史之善的彰显、对历史之美的弘扬都内在地统一于历史的本体美，历史

---

① 姜蕴刚：《历史艺术论》，1 页，上海，商务印书馆，1944。

方向就是人类求真、向善和唯美的方向。历史学科育人过程本质上是学生作为审美主体进行历史审美活动的过程。当学生带着价值观和审美追求与历史发生碰撞和互动的进修，历史学习就进入了审美状态。因此，历史教学审美化要从马克思主义美学基本原理出发，通过深度挖掘历史学科本体的美学内涵，让历史学科本体的美得到充分敞现，使学生得到美的牵引，从历史中洞察人类真善美的价值追求，从而让历史教学真正成为合目的性与合规律性的统一体。

第二节　家国情怀培养的教学审美化策略

家国情怀培养需要建立在感性与理性统一的基础上，既要强调教学过程中学生主体性的充分彰显，也要充分挖掘历史学科的审美价值，构建充分体现真善美相统一的历史教学，为学生营造感美、立美、创美的历史学习空间。

一、指向家国情怀的审美化学习建构

作为一种审美活动，学生学习历史的过程是由学习过程的审美愉悦、学习内容的审美理解和学习结果的审美超越构成的。审美愉悦凸显学习过程的主体性和探究性，审美理解强调文化理解与具身体验，审美超越追求主体自觉与精神升华，从形式到内容逐步深化，指向家国情怀涵养。

学习过程的审美愉悦。学习过程的审美愉悦是指学生在学习情境中获得的美感体验。在历史教学中，这种美感体验既源于历史本身的

丰富性和情境性，也源于学习主体性探索获得的成就感。要想让学生获得真正的审美愉悦，就要将学习的权利充分赋予学生。高中历史统编教材中有着丰富的史料，笔者在教学中充分利用教材中的"学习聚焦""思考点""问题探究""学习拓展"等辅助学习栏目展开历史问题研究，让学生体会到求知的快乐和体验到满足于自我学习成果的审美愉悦。在这样的学习活动中，学生是用自己全部的情感、经验来面对学习内容的，历史的丰富性在学生面前展开，学生便进入了一种真实的情境之中，以神入、想象等具身学习方式进行理解和学习。这种学习的审美活动的最终结果就是物我交感、主客契通、情理融合、心身统摄、天人合一、气象万千、韵味无穷的尽善尽美、至真至乐、无限自由和自得自足的神妙境界。①

学习内容的审美理解。对学习内容的审美理解强调对历史内容的文化理解和具身学习获得的深层体验。只有以主体身份去感知、体验、批判、领悟的时候，学生才会与学习内容发生深刻联系，对学习内容的审美理解也才会发生。精神美与社会美是历史学科本体之美的重要内容，历史学科如果要培养学生的家国情怀，就必须要让学生深刻理解历史所承载的人的精神美与社会美，用审美理解进行历史解释。在学习中国近代史上的革命与战争时，笔者通过人物教学情境的设计，让学生以历史教学中的人物身份深入历史，深刻理解大时代中历史人物的精神美和社会不断进步所承载的人类对美的追求。比如，林则徐、孙中山、李大钊、方志敏、钱学森等历史人物身上所体现的历史之美，一方面体现出他们身上所具有的家国情怀和崇高的精神之

---

① 丁峻、崔宁：《当代神经美学研究》，97页，北京，科学出版社，2018。

美，另一方面也体现出中华民族追求民族独立和富强的社会进步方向，展现了社会美对历史人物的深情召唤。审美理解之所以重要，是因为家国情怀是人类精神崇高之美的重要体现，是中华美学精神的重要内容，必须要作用于学生的心灵深处，必须根植于学生的内心世界，而这是无法靠机械记忆和简单说教实现的。这就决定了理解的前提是身心入境。因此，家国情怀的培养需要从历史学科本体的美学价值出发，让历史学科之美走进学生的内心世界，让学生在对历史真善美的探寻中塑造家国认同，培养对国家和民族的高尚情感，从而自觉顺应时代潮流，增强实现中华民族伟大复兴的中国梦的历史责任感。

学习结果的审美超越。审美超越是指学生在历史情境中实现了自身价值的增值和精神超越。审美起于具体形象和对象化形态，借此产生理想性情境，是一种对象化的价值体验，指向人应当具有的本质状态。审美鉴赏活动本质上是人的创造性能力的极致性、高峰性和完满性的体现，这种体现就是人的生命本质力量得到充分彰显，个人的价值得到最大实现的状态，是学生的主体自觉与精神升华。南菁高中一年一度的历史戏剧节是高中历史审美化教学实施的重要尝试，其目的就是让学生由审美感知、体验走向审美超越。当学生以历史中的人物身份承担戏剧角色的时候，一种强烈的历史身份意识赋予了学生对自身历史责任更加深刻的理解。学生在戏剧中体会到的价值超越升华为内在的一种生命力量，这种力量跨越时空，塑造了学生的价值观，培养了学生的家国情怀。学生在对历史大势的把握中树立爱党爱国爱社会主义的宏大情怀，确立推动历史不断向前发展的美学追求。

二、历史教学审美化的生成机制

历史教学审美化的生成机制建立在对历史学科视野下家国情怀内涵、家国情怀视野下审美化学习建构、历史学科的审美化教学模式、历史活动课程审美化设计等环节的研究和实践的基础上，凸显对历史本体美的挖掘和历史教学过程的审美化实施。其具体可以概括为审美意识整合机制、主客体间契通机制和具身体验活动机制。

审美意识整合机制。人的审美意识是教学中审美发生的重要基础。神经美学的研究证实，人的审美意识是一个复合的立体结构，其发生作用的过程是多要素整合的过程。在审美过程中，人的感觉活动、知觉活动、情感反应和认识加工活动都体现出了多模性质及整合特点。[1]历史学科研学旅行和历史戏剧节等学科活动，都体现出审美意识整合机制的运行机理。在历史教学中，教师可以通过历史短视频、历史情境材料和历史故事情节等方式让学生经历审美意识整合的过程。在学生经历综合性的审美体验后，教师可以通过组织历史演讲、编写历史故事、创作历史小论文等方式让学生有机会进行审美表达，这个过程是对审美意识整合机制作用的评价。历史教学审美化的过程是师生全部生理心理机能共同参与的结果，这就必须要以课程整合的观念营造历史学习的审美场，用立体、多维的学习样态取代传统的点状、线状的学习样态。审美意识整合机制下的历史教学在教学组织上体现为知识结构化呈现、问题情境化设计、学习项目化组织、评价整体化实施，在教学立意上体现为认知、情感、价值的整体性关照。

---

[1] 丁峻、崔宁：《审美教育心理新探》，175 页，上海，上海三联书店，2015。

主客体间契通机制。教学审美是审美主体与审美对象之间复杂互动、相互激荡的结果。进入审美主体的内容，要接受审美主体关于形式、内容、价值的审视，同时审美对象也要敞现，向审美主体投射自己的存在，丰富审美主体的审美体验。教学过程不单纯是学生对学习内容的占有性的掌握，而是通过与学习内容的深度互动，学生受到学习内容的反身作用并不断改变自身的知情意水平，在重新审视学习内容后，对其形成深度的学习理解和价值判断。主客体间契通机制是一个闭环的学习系统，学生与学习内容之间反复双向作用后最终形成深度审美理解。比如，学生在学习中国共产党领导中国人民实现民族自强的百年历史时被深深地震撼、激励，这时候便形成了学习客体影响学习主体的机制，提升了学习主体的精神境界。当具有更高情感水平和精神境界的学习主体重新审视学习客体时，对学习客体便产生了新的更高水平的理解。这个过程在理论上没有止境，可能会无限循环发生，会令学生更加坚定了对党领导中华民族实现伟大复兴事业的信念。这个过程就是主客体间的契通过程，学生由此形成崇高情感和坚定信念的过程就是主客体间契通机制发生作用的过程。

具身体验活动机制。根据上述的主客体间契通学习机制的原理，要在学生身上产生高阶审美，就必须要创设学生能够具身体验的学习空间和机会。南菁高中的研学旅行团队每年都赴全国各地开展跨学科综合考察，考察前，教师会根据学科学习任务与各地的历史文化资源设计好研学路线。学生到历史文化古迹、红色教育基地、历史博物馆中探寻历史奥秘，将书本知识与实地考察的历史课程资源建立联系，从而对书本知识有了更深的理解。在研学旅行过程中，学生体验到了祖国山川的壮美，也了解到了改革开放和新时代社会主义建设取得的成就，体会到了各民族文化的丰富，这些都在他们心中平添了一份厚重的对国家的认同感和责任感。家国情怀的产生机制也要求学生全方位地感知所在民族国家的文化，特定民族国家的历史孕育着这个国家的人民独特的审美情感，"对国家所在的地理、历史、艺术等文化的审美体验是公民情感的重要基础"①。历史在不同的时空中发生，历史学习内容本身就承载着教育的价值预设，家国情怀素养的培育需要学生通过学习和活动体验内化。历史教学的审美化逻辑要从学科所属的美育课程视野出发，挖掘历史学科或者历史教学本身丰富的审美内涵，这使得审美化的教学成为历史学科的本质要求。

第三节　家国情怀培养的教学审美化实施范式

家国情怀培养的教学审美化实施范式既要从学科本体出发，充分挖掘学科的育人价值，也要从普遍意义上的审美发生机制出发，在感美、立美、创美三个层面加以构建。前者是历史本体之美的充分敞现，后者是历史教学过程的审美化实施。在此基础上，以历史教学审美化主线为牵引，形成常规课堂教学和项目化学习相结合的历史教学审美化实施范式(见图 8-1)。在常规课堂教学中培养家国情怀，主要通过深度挖掘历史学科本体的审美价值、开发历史教学中的美育资源和提升学生的历史评价审美素养来实现。

---

① 郑富兴：《公民教育的审美之维》，载《教育学报》，2019(1)。

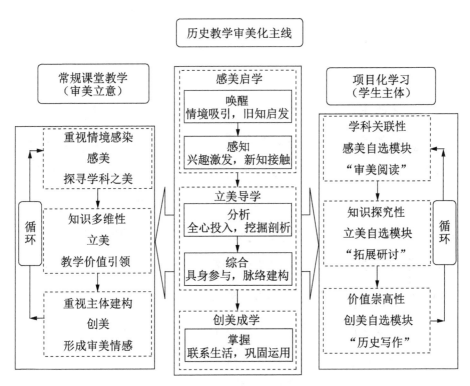

图 8-1 历史教学审美化实施范式

　　在历史教学审美化实施中，学生会经历感美、立美、创美三个阶段，审美素养和家国情怀得到进阶提升。感美主要发生在学生面向审美对象时所获得的直观映象（具象）之中，如对历史事件、人物的直觉把握和初步价值判断；立美层面在于运用历史学科方法、思想对学习内容进行审美加工，形成文化理解和价值体认；创美层面的任务则在于调动自己已有的知识储备和审美关怀与学习内容进行深度碰撞，加工"创生"出具有思想意蕴和"个性"特征的"意象"世界。感美、立美、创美这三个阶段没有明显的界限，学生要与审美对象经历循环往复的互动过程，方能实现审美的进阶。这些教学实践润泽着学生的心灵之美、涵养着学生的家国情怀，也引领着学生以审美的视角评价历史，进而成就自己的美学人生。

历史教学审美化主线基于历史审美化学习建构原理和历史审美化生成机制，从感美、立美、创美三个维度的内在要求出发，在历史教学中让学生的主体性地位充分实现，通过学生具身参与体验的学习行为和情境化的学习过程设计让审美化教学成为可能。历史教学审美化主线的主轴体现了对学生学习行为与结果的关注，在这一紧密相关的"唤醒、感知、分析、综合、掌握"构成的学习行为与结果中，嵌入了学生对美的体验与超越，实现了包括家国情怀在内的学生审美情感的丰富。常规课堂教学凸显家国情怀培养审美化实施的学科价值和价值引领，项目化学习重视学生主体和学习表现。这两种课型丰富了历史教学审美化主线的实践样态。历史教学审美化主线从情境营造、兴趣激发、感性与理性和谐一体以及具身学习和知识运用等维度为教学审美化提供了美学支撑，常规课堂教学和项目化学习则从学科内容、学习过程、学习表现、学习评价等多维度体现对教学的美学关照，共同构成基于价值培育（家国情怀）的历史教学审美化范式。

新一轮课程改革是在世界百年未有之大变局的时代语境中展开的。培养青少年一代坚定的文化自信和民族认同，让他们以文明互鉴的文明观认识世界，把实现中华民族伟大复兴和建设人类命运共同体作为奋斗目标，这是时代赋予历史教育的新使命。历史教育要担负起这样的使命，就需要超越狭隘的功利化境界，在大历史的时代语境中俯视、眺望，洞察历史大势、发现历史规律、把握历史方向，以审美的历史视野开创历史育人的新境界。

结　语　历史教育美学何以建构

为何选择历史教育美学这个研究方向

在 20 多年的中学历史教学和近五年的西北师范大学研究与教学的经历中，我越来越认识到，历史学是过去与现在基于真善美价值进行的永无止境的对话。

我时常思考存在的价值。黑格尔说存在即合理，我想进一步追问：存在的意义到底是什么？事实上，无论是教育学还是社会学，我们确实都需要透过复杂甚至迷离的现象学去追问现象背后的意义。如果说自然科学是解释自然现象、预测科学世界未来的，那么社会科学则是解释人类社会已经发生的历史并通过对其的重构来引领未来的。也就是说，历史学虽然研究过去，但它是为未来社会服务的，未来才是历史的意义所在。

作为历史教师，我们一定要在现象学与存在论的意义上追问学科的价值、理解学科存在的意义，进而让学科的育人价值真正实现，使学生在历史学习与探索中理解真善美、把握历史大势、洞察历史规律、正确面向未来。

正是基于对历史学科本体的美学意义的深刻思考，我对历史美学有了浓厚的兴趣。我提出"历史学是过去与现在基于真善美价值进行的永无止境的对话"，这是我近年来进行历史教学与研究的理论基石，也是我近年来进行历史教学与研究的根本出发点。如果不基于这一价值判断，我就不能理解我为何对历史教学如此痴迷，为何能如此充满激情和享受地在课堂上与同学们一起理解过去、展望未来。

新颁布的历史课程标准提出，历史课程教学的目标就是落实立德树人根本任务。立德树人并不是一句空洞的口号，对于历史教学来说，立德树人就是要引导学生基于历史学习，发现历史的真善美，让学生在与历史的对话中看到历史的波澜壮阔、气势恢宏，看到看似偶然发生的历史背后存在着历史的规律。这种规律就是历史发展的趋势，就是历史的潮流。

历史潮流滚滚向前，顺之者昌逆之者亡，这就告诉青年一代，要站在时代的高度上和社会发展的潮流中思考自己的使命与价值，与时代共进、与祖国同行，做自觉推动历史前进的能担当民族复兴大任的时代新人。我时常和学生讲，历史学科的真善美其实是统一的，统一于人类追求美好生活的实践中。这一判断是我近三年的研究与体悟。围绕这一基本判断，我在《教育理论与实践》《课程·教材·教法》《中国教育学刊》等学术期刊连续发表过多篇文章，系统阐释了对历史美学的基本观点。

事实上，我从 2015 年就开始关注历史教学的价值问题，并在《教育理论与实践》发表了我的第一篇研究历史教育价值的学术文章，提出历史教育的价值在于培养学生的社会主义核心价值观，让青年认识到历史之中存在着真善美的启示和借鉴。

立德树人是历史教育美学的动力和目标

课堂是落实立德树人根本任务的主要阵地，也是推进育人方式改革的关键环节，更是师生积聚生命成长力量的核心场域。学科育人成为新课程改革的重要思想主张。在这个共识下，需要进一步探索学科如何育人、学科育人的方法与路径到底是什么。我认为，这是一个巨大的挑战，需要我们真正理解学科存在的意义和价值。

从 2017 年以来，我在研究历史教育教学方法的基础上，将研究重点转向了对历史学科本质的思考，从历史学科本体的视角对学科育人价值加以认识，并逐渐将研究视野转向历史美学。

历史美学不是一个新概念，周谷城老先生在 20 世纪 60 年代就提出了这一概念，主张历史学的研究要重视艺术，艺术是研究和解释历史的重要角度。

与周老先生不同的是，我主张的历史美学是从历史本体出发的，是从马克思主义唯物史观的基本原理的角度来看历史，从"历史也是人的本质力量的对象化"的角度来理解历史。历史蕴含着真善美，更需要真善美的解释视角。从这个视角出发，我们才能真正理解人类历史不断向前发展的动力，才能看到中国共产党波澜壮阔的百年历史背后是其创造更美好的世界的远大理想。

新课程改革正在深入推进，历史教育工作者要站在中华民族的伟大复兴的时代语境中认识历史，这一过程特别需要审美意识。我们要从历史美学中理解中华文化的丰富内涵，理解中华民族在这片土地上创造的灿烂文化。

我聚焦于历史中的艺术和图像研究，在人类留存下来的这些艺术图像或文物古迹中探寻中华民族的精神世界和审美追求，进而更深刻地理解历史。

马克思说人也是按照美的规律塑造的，提出人类历史本体的美就是人对自己本质力量的欣赏，看到了人存在的价值和追求人类美好生活的生命本质力量的伟大。历史美学是教育学，更是未来学。我们能从历史中体悟到中华优秀传统文化是中华民族不断发展的重要文化基因。无论受到什么挑战与考验，中华民族的正义感、凝聚力、追求自由与解放的理想都是引领中国历史前进的火炬，永远照耀中华民族前进的方向。

我国的中高考改革正在深入推进，改革教育评价的目的是引导教学，真正构建德智体美劳全面发展的考试内容体系和学校课程体系。广大教育工作者要增强育人的价值自觉，加快育人方式转型。

历史教学审美化是历史教学育人方式转型的重要探索。在《立德树人视域下高中历史教学的审美意象》一文中，我提出："立德树人是历史教育的根本任务，历史教学审美是实现这一任务的重要途径。探寻历史本体之美是历史课程教学改革的逻辑起点，历史教学审美是基于历史学科特质和育人本质提出的历史教学主张和操作范式。审美的核心要义是彰显历史的真善美价值，在充分满足学生感性经验、具身体验的基础上拓展出全新的教学样态、构筑出丰富的审美意象，让学生在历史学习中实现审美体验与审美创造的统一。"

历史教育美学所强调的学生感性经验、具身体验为教学转型提供了依据，也将让学生经历更加丰富多彩的学习生活。只有学生以审美的视角审视历史时，历史才能引领学生走向真善美的人生境界。

2016 年，我在《当代教育与文化》发表了《论历史教学中学生的审美意识培育》一文，系统阐释了历史教学的审美价值问题。这篇文章被中国人民大学报刊复印资料《中学历史、地理教与学》2016 年第 7 期全文转载。

在这篇文章中，我表达了这样的观点："在整个历史认识的过程中，审美意识作为认识历史的情感态度和价值取向，都在发挥作用。历史研究者总是带着主观的目的、情感和态度去认识历史。这种主观特征既有明显的主观故意，又有潜意识的主观准备。比如，统编教材关注东西方社会治理，目的是让学生了解中国古代社会治理的特点，特别是中国古代国家治理体系中儒家思想的作用。在法律体系中，儒家的伦理思想深刻地影响了法律的制定和实施。这体现了文明互鉴的历史观，有助于引导学生深刻地认识中华优秀传统文化对中国国家治理体系的影响。在历史教学中，教育工作者要深刻领会教材意图，培养学生的'四个自信'，让学生看到中国国家治理体现出来的中国人的精神之美。如对'苏格拉底之死'所展现的精神之美、对殖民侵略的野蛮与罪恶都需要我们上升到对'善恶''是非''美丑'的审美高度去认识，才能更好地理解历史，获得深刻的启示。"这段表述其实是在说明审美意识对历史理解有着重要影响，能否以审美意识理解历史发展关系到能否透过现象看到历史发展的本质和历史进程中所体现的人类的价值追求，这也就决定了人类认识历史的深刻程度。完全可以肯定地说，不存在没有目的的历史认识活动，不存在没有价值预设的历史研究活动，不存在没有教育意义的历史教学活动。

只有从历史教育的审美性的视角，我们才能深刻认识到新课程标准提出的历史教育的根本任务是立德树人的学科教育思想。

在历史教育美学实践中的阅读与成长

我非常赞同一个观点，即每个人的学习或学术生涯都可能存在着二次成长，二次成长对人的发展往往起到决定性的作用。最近也经常有朋友问我教师发展的关键到底是什么，哪些阶段更重要。我的观点是一个人的发展只有两个阶段，一是被动发展阶段，二是主动发展阶段。主动发展阶段靠生命自觉和价值自觉，有了生命自觉和价值自觉，才能有专业自觉、学习自觉和发展自觉。

如果用美学来阐释发展的两个阶段，我认为生命自觉和价值自觉的阶段也是审美自觉的阶段。生命自觉来自人对生命价值的理解，有了使命感的人会争分夺秒地去探索未知，追求发展的更大可能性，以最美的姿态向上生长。

2013年，我在西北师范大学攻读博士学位时确定了美育课程的研究方向，开始以审美视野审视高中历史教学。这一阶段主要围绕历史学科情感态度价值观的审美建构问题，建构历史学科与优秀传统文化、美学的内在关联，在此基础上对历史教育价值问题进行深入研究。依托国家级课题，我主要展开两项理论研究，一是历史学科本体的审美价值研究，二是历史学科育人内涵的审美挖掘研究，以此奠定了历史学科教学审美化的内在依据，建立了培养家国情怀的美学逻辑。依托上述研究，我完成了博士论文《普通高中大美育课程体系整体建构》。2017年6月，我顺利获得教育学博士学位。

2020年，我到西北师范大学工作，重点从事历史教育美学的教学与研究，并成功申报国家社科基金"十三五"规划 2020 年度教育学课题，致力于优秀传统文化的美学价值、历史图像的教学审美价值等研究。与此同时，我自 2015 年开始担任国家级示范高中——江苏省南菁高中的副校长，学校的大美育课程研究与实践也推动我不断地在教育美学领域进行研究。我把自己这些年从事美学研究的过程视为向美而行的人生再出发，这也是我从事教育事业以来的专业二次成长。这本书稿的内容主要来自近五年特别是在西北师范大学工作期间的研究，正是这一研究让我更深刻地理解历史教育的根本任务是立德树人的深刻含义，也更坚定了从事历史教育美学的研究与实践的信念。此外，本书也是我作为"天池英才"计划项目特聘专家的研究成果。我是新疆维吾尔自治区喀什巴楚县第二中学（简称"巴楚二中"）的特聘专家，在巴楚二中工作期间开展了相关研究与实践。本书吸收了巴楚二中教育教学改革的成果，得到了巴楚二中国家级教学名师罗凯教授的指导。

　　在历史教育美学的研究与实践中，我也对教育有了更深刻的认识。我以为，教育之美的核心要义在于培养美的人，这特别需要我们从审美的角度关注、讨论、反思人之美的问题并在工作中去践行，而这离不开审美阅读。我的历史研究与美学阅读正是伴随着我的学习和工作转换而展开的，这些年我的案头书中最多的是哲学和美学的著作。

　　完成博士论文需要阅读大量美学文献，黑格尔的《美学》四卷本、张世英的《哲学导论》、席勒的《审美教育书简》、李泽厚的《美的历程》、赵伶俐与汪宏的《中国公民审美心理实证研究》、曾繁仁的《文艺美学的生态拓展》、杜卫的《美育论》等我都是在这个时候系统阅读的。

最近我在思考教育美学的系统建构问题，把过去读过的美学著作又重新翻出来放在案头。李泽厚的《美的历程》引发我进一步思考：审美教育要挖掘中华优秀传统文化的美学基因，要把审美教育与中华优秀传统文化教育结合起来，让青少年热爱中国传统文化，培养他们的文化自信，让他们未来能成为中华文化使者，对民族文化充满自豪并自觉弘扬民族优秀文化。

最近我还重翻了马克思的《1844 年经济学哲学手稿》、鲍姆加登的《美学》、刘纲纪的《艺术哲学》等。从这些著作中，我得到美学的滋养，也更加坚定了历史美学研究的方向。

反复阅读这些著作后，我更深刻地认识到：历史是基于人类价值而进行的有选择的建构，人类要讲述的历史是对人类有价值的历史。历史研究要区分人类历史得以记录和传承背后的人的情感和价值，这也是真正认识历史真相的需要。我希望每一个教育工作者、每一个青年人都能热爱读书、读好书，因为读书是与美好相伴的生活方式，是向美而行的生命起点。

本书是我关于历史教育美学问题的一些阐释，也是我对历史教育美学建构问题的主要观点。这些观点是我个人的理解和体会，还很不成熟，希望得到前辈、专家、学者和广大历史教育工作者的进一步指导。我坚信，让学生理解真善美并在生活中践行是历史教育的终极价值，也是教育的终极价值。